„Was ihr einem der Geringsten getan habt…"

von Rudolf Hubert und Jörg Kleinewiese

Impressum

„Was ihr einem der Geringsten getan habt…"

von Rudolf Hubert und Jörg Kleinewiese

Ausgabe vom 20. 01. 2020

Herausgeber: Adlerstein Verlag

Herstellung und Verlag: BoD- Books on Demand, Norderstedt

ISBN: 9783750436947

Inhalt

Vorwort

In unserem Buch werden Überlegungen zur Zukunft der katholischen Kirche mit ihrer Caritas diskutiert. Sie haben im Wesentlichen zwei Ziele:

- Es geht uns um Selbstvergewisserung. Dabei nehmen wir in gewisser Weise eine ‚Standortbestimmung' vor.

  Wir blicken wohlwollend- kritisch auf die Entwicklungen innerhalb der Kirche mit ihren Pfarreien und Gemeinden sowie auf ihre verbandliche Caritas, um das vorhandene Potential sensibler wahrzunehmen und besser nutzbar machen zu können.

Es soll nicht verschwiegen werden, dass beide Autoren von unterschiedlichen Ansätzen ausgehen. Sie werden eigens gekennzeichnet. Darum verantworten sie auch selber nur ihre jeweiligen Beiträge. Eine Harmonisierung war nicht angestrebt und ist auch nicht gewollt. Vielmehr sollen verschiedene Aspekte in ihrer Eigenständigkeit Ausdruck legitimer, multiperspektivischer Betrachtungen sein, die einen faktischen und berechtigten Pluralismus in unserer Kirche bezeugen.

Gemeinsam ist beiden Autoren die Überzeugung, dass – neben aller erforderlichen Professionalität – der Charakter der Kirchlichkeit der Caritas zu ihrem unaufgebbaren Wesenskern gehört. Ebenso teilen sie die Auffassung, dass Kirche ohne Caritas ein Widerspruch in sich ist.
Rudolf Hubert, Referent für Caritaspastoral im Caritasverband für das Erzbistum Hamburg e. V., war langjäh-

riger Geschäftsführer des rechtlich nicht selbstständigen Caritas – Kreisverbandes Westmecklenburg der Caritas Mecklenburg e. V., aus dem 2018 die Region Schwerin der Caritas für das Erzbistum Hamburg e. V. wurde. Er schöpft aus einem breiten Fundus von Erfahrungen in der Caritasarbeit vor Ort, sowohl z.Z. der DDR als auch nach der ‚Wende' bis in die Gegenwart. Außerdem ist er an kirchlichen Entwicklungen als Moderator für pastorale Räume beteiligt. Seine theologischen Überlegungen beziehen sich vorrangig auf das II. Vatikanum und vor allem auf die Theologie Karl Rahners,[1] dessen Impulse er für eine zeitgemäße Caritas – Theologie für unverzichtbar hält.

Diakon Jörg Kleinewiese, Flüchtlingskoordinator im Erzbistum Hamburg sowie verantwortlicher Mitarbeiter in der Seniorenpastoral in der Pfarrei Heilige Elisabeth im Erzbistum Hamburg hat viele Jahre in der Entwicklungszusammenarbeit in Tansania Projekte aufgebaut. Er war mehrere Jahre für das Domkapitel als ausgebildeter Sakristan und Diakon mit Zivilberuf in Hamburg im Mariendom tätig. Er ist zurzeit im Liturgieausschuss des Erzbistums aktiv und ist ausgebildeter geistlicher Begleiter. Er hat in seiner Jugend mit der Gemeindearbeit

---

[1] Rudolf Hubert „Im Geheimnis leben" – Zum Wagnis des Glaubens in der Spur Karl Rahners ermutigen, Würzburg 2013 Rudolf Hubert „Wo alle anderen Sterne verlöschen", Würzburg 2018 Rudolf Hubert / Roman A. Siebenrock „Universales Sakrament des Heils" – Theologische Orientierungen für den Weg der Kirche im 21. Jahrhundert im Ausgang von Karl Rahner und im Blick auf zentrale Anliegen Hans Urs von Balthasars – Zeitschrift für katholische Theologie (ZKTh) 134. Band/ 2012/ Heft 3, S. 324-343
Vgl. auch www.adlerstein-verlag.de

begonnen und arbeitet seit 1994 mit kurzen Unterbrechungen hauptamtlich für die katholische Kirche. Als Seelsorger hat er in vielen Gesprächen die Sorgen der Kirchenmitglieder über die Probleme und die Enttäuschungen in der Kirche vernommen. Durch seine vielen Gespräche ist es ihm ein Anliegen geworden, über notwendige Veränderungen zu reden und möglich Alternativen zu entdecken.

Die folgenden Überlegungen verstehen sich darum als Angebot. Als Angebot, sich tiefer mit der Botschaft Jesu Christi und ihren Implikationen für die Caritas zu beschäftigen. Als Leitlinie gilt hierbei die Einschätzung von Peter Henrici:

"Die Verkündigung des Evangeliums in den nichtchristlichen Ländern begann in der Neuzeit immer mit Werken der Liebe: der Gründung von Schulen und Spitälern, der Entwicklungshilfe und der Betreuung von Flüchtlingen, und dann und eindeutig erst in zweiter Linie folgt die Verkündigung des Gotteswortes. Die gleiche Vorgehensweise sollte auch für unsere ehemals christlichen Länder gelten. Der diakonische Einsatz muss auch hier der Predigt vom Gott der Liebe den Weg bereiten...Diese Werke werden heute bei uns anders aussehen müssen als früher...auch in diesen staatlichen sozialen Netzen gibt es immer noch allzu viele Lücken, durch die gerade die Unglücklichsten durchfallen...Die neue Evangelisierung

*wird von tätiger Liebe und liebendem Verständnis getra-
gen sein, oder sie wird nicht sein.* "[2]
Beide Autoren sind sich einig, dass die Botschaft des
menschgewordenen Gottes Ausdruck einer unüberbiet-
baren liebenden Nähe ist. Sie zu bezeugen – in Wort und
Tat – ist Sinn und Zweck kirchlich-caritativer Existenz.
Die dabei diskutierten Denkanstöße geben einen Traum
wider von einer Kirche, die nahe dran ist am Mann von
Nazareth, ganz im Sinne von Mt. 5, 17: *„Ich bin nicht
gekommen, um aufzuheben, sondern um zu erfüllen."*

Schwerin/ Hamburg, den 16.12.2019

---

[2] Peter Henrici, "Blick auf die neue Evangelisierung" in "Eine
Theologie für das 21. Jahrhundert – Zur Wirkungsgeschichte
Hans Urs von Balthasars", Einsiedeln, Freiburg, 2014, S. 22f

Erster Teil[3]

Zeit, an Gott zu denken? Irritationen und Visionen

I.

Karl Lehmann beklagt in seinem Buch „*Es ist Zeit an Gott zu denken*"[4], (83) dass heute so „*vieles ritualistisch, sakramentalistisch, so selbstverständlich*" ist. Das ist insofern bedenkenswert und gleichzeitig bemerkenswert, wenn man weiß, dass diese Kritik nicht von Irgendjemandem kommt, sondern von einem Bischof und Kardinal, der viele Jahre lang Vorsitzender der Deutschen Bischofskonferenz war. Ja, Lehmann gräbt tief, er bleibt nicht an der Oberfläche, wenn und indem er Bezug nimmt auf große Bilder *Nietzsches,* dem Pastorensohn aus Röcken und vielleicht begabtesten Religionskritiker des 19. Jahrhunderts:

„*Wir haben die Erde losgekettet von der Sonne, wie das Licht ausgeht auf Erden, alles wird kälter.*" (84)

Klagend fährt Lehmann fort:

„*Dass wir auch in den Kirchen den Namen Gottes preisgegeben haben*". (84) Und weiter:

---

[3] Die Beiträge im ersten Teil stammen von Rudolf Hubert

[4] Karl Lehmann „Es ist Zeit, an Gott zu denken" – Ein Gespräch mit Jürgen Hoeren, Freiburg-Basel-Wien 2000 (Die Zitate stehen im Text mit Seitenzahl in Klammern, Hervorhebungen - RH)

„Ich habe mich mit all diesen Bildern intensiver beschäftigt und gespürt, dass dahinter alle großen Worte der Metaphysik, der Gotteserkenntnis stehen. Das ist nicht der frivole Atheismus, sondern da lebt zuerst ein ungeheurer Schmerz. Wir müssen nochmals ganz neu durch diese Dinge hindurchgehen, ohne damit zu kokettieren und ohne damit zu gaukeln." (84f)

Diese Worte haben mich tief bewegt. Hier stöhnt und klagt ein führender Kirchenmann am Ende seines Lebens; ja, er schreibt seiner Kirche gewissermaßen in' s Stammbuch, dass sie vielfach nur "kokettiert", "gaukelt" und oftmals viel zu "selbstverständlich" mit Gott umgeht. Lehmann beklagt ausdrücklich, dass die Kirche SEINEN Namen nicht selten "preisgegeben" hat. Und doch: Es ist nicht nur die Klage, es ist auch die Chance des Glaubens, die Lehmann ausmacht, denn nochmals:

„Das ist nicht der frivole Atheismus, sondern da lebt zuerst ein ungeheurer Schmerz. Wir müssen nochmals ganz neu durch diese Dinge hindurchgehen..." (ebenda) Mit einer tiefen Sonde leuchtet Lehmann den Kontext der „Kirche in der Welt von heute" aus.

„Dass Gott so tief verborgen sein kann, dass Menschen über lange Zeit überhaupt nicht das Gefühl haben, dass sie in dieser ‚Gottesfinsternis' irgendetwas vermissen, dass wir so starke Verdrängungskünstler sein können im Blick auf Gott- das hat mich damals eigentlich schon geschockt, als ich nach Jahren des Studiums der Philosophie, der modernen Philosophie, wieder in die Theologie im engeren Sinne kam, und mir sagen musste: ‚So

selbstverständlich von Gott reden, wie die das können, das kann ich nicht.'" (85)

Mich erinnert dieser ‚Aufschrei' des Kardinals an ein tiefes Wort Bonhoeffers:

"Das sich selbst absolut, als Selbstzweck, setzende Leben vernichtet sich selbst. Vitalismus endet zwangsläufig im Nihilismus, im Zerbrechen alles Natürlichen. Das Leben an sich – im konsequenten Sinne – ist ein Nichts, ein Abgrund, ein Sturz; es ist Bewegung ohne Ende, ohne Ziel, Bewegung ins Nichts hinein. Es ruht nicht, ehe es alles in diese vernichtende Bewegung mit hineingerissen hat. Es gibt diesen Vitalismus im individuellen und im gemeinschaftlichen Leben. Er entsteht durch die falsche Verabsolutierung einer an sich richtigen Einsicht, nämlich, dass das Leben nicht nur Mittel zum Zweck, sondern auch Selbstzweck ist; auch diese Einsicht gilt für das individuelle wie gemeinschaftliche Leben. Gott will das Leben, und er gibt dem Leben eine Gestalt, in der es leben kann, weil es, sich selbst überlassen, sich nur vernichten kann. Diese Gestalt stellt das Leben aber zugleich in den Dienst anderen Lebens und der Welt."[5]

Man könnte, ähnlich wie Bonhoeffer von „*Widerstand und Ergebung*" sprach, in Bezug auf den Zustand unserer Kirche heute von „*Anfechtung und Glaube*" sprechen. Denn beides ist evident: Einerseits scheint vieles vom ‚institutionalisierten' Glauben eher Anfechtung als

---

[5] Das Buch "Ethik" ist der 6. Band aus den gesammelten Werken (DBW) Bonhoeffers. Das Zitat steht auf Seite 171.

11

Glaubenshilfe zu sein. Andererseits muss sich jede Glaubenskritik der Frage Jesu stellen: „Wollt auch ihr gehen?" Und das Bekenntnis des Petrus: „Wohin sollen wir gehen? Du hast Worte ewigen Lebens" hat an seiner Gültigkeit bis heute nichts verloren. In den 60iger Jahren des vergangenen Jahrhunderts fand ein hoher Kirchenbeamter eindeutige Worte zum kirchlichen Leben und zur eigenen Kirchenerfahrung:

„Man will kein konventionelles, in sich ruhendes, konformistisches, legalistisches... Christentum... Man begehrt auf gegen die rein disziplinären Gesetze, sobald man sie für willkürlich hält...Man will keine dem Menschen und dem Aufbau einer neuen, menschlicheren Welt fremd gegenüberstehende Welt mehr... Man will echt christliche Gemeinschaften auf menschlicher Basis, in denen die Christen nicht allein gemeinsam beten, sondern auch lernen können, ihre apostolischen und menschlichen Bemühungen für das Wohl der Menschen zu vereinigen. "[6]

Wer fühlte sich nicht angesprochen? Und doch: Wenn man verhindern will, dass die Kirche der Welt „fremd gegenübersteht", muss die Frage erlaubt sein, die da lautet: Wie muss dann die „Kirche in der Welt von heute" aussehen? Wird sie je ‚fehlerfrei' sein können? Wird sie – wenn sie sich dem ‚Zeitgeist' zu sehr anpasst – nicht ihr Eigentliches preisgeben? Was ist ihr ‚Eigentliches'? Und wie oft tragen jene Kritiker zum schlechten Erscheinungsbild der Kirche maßgeblich bei, die ihre Kritik am lautesten äußern?

---

[6] Kardinal Suenens in „Die Mitverantwortung der Kirche", Salzburg – aus „Karl Pfleger „Christusfreude", Frankfurt/Main 1973, S. 41

Karl Rahner hat sich diesen Fragen mit großer Ehrlichkeit und Offenheit gestellt. Seine Liebe zur Kirche war und ist weder naiv noch unkritisch. Sie stellt all das Zeitbedingte der Kirche auf den Prüfstand – ohne allerdings das aufzugeben, was der Kirche – und nur ihr – zu verdanken ist! Darum kann seine Kirchenkritik auch heute noch überzeugen, weil sie getragen ist von einer Liebe, die verletzlich und empfindsam – nie aber undankbar ist!

„Es kann sein, dass einen die amtliche Kirche vor das Dilemma stellt, in Unglauben zu verfallen oder über sich selbst hinauszuwachsen und die größere Demut, die heiligere Gerechtigkeit und die stärkere Liebe in Schweigen und Geduld zu üben, als sie uns von den amtlichen Vertretern der Kirche vorgelebt wird. Warum sollte eine solche Situation nicht möglich sein?... Wagen wir es, so über uns hinauszuwachsen und als Samenkorn im Acker der Kirche zu sterben und nicht als Revolutionär vor ihren Toren zu sterben, dann werden wir merken, dass nur solche Tat uns wahrhaft befreit in die Unendlichkeit Gottes hinein. Denn der Glaube, der von uns auch in dieser Kirche abverlangt wird, ist die Tat, die, von Gott geschenkt, das unendliche Geheimnis als die Nähe der vergebenden Liebe annimmt. Solche kann nicht geschehen, ohne einen Tod, der lebendig macht. In dieser Annahme aber ist das ganze Christentum als seine eigentliche und selige Essenz enthalten. Solchen Glauben zu wagen, ist auch heute möglich. Heute mehr denn je. Diese Botschaft der Möglichkeit des christlichen Glaubens heute und morgen wird aber schließlich doch nur der verstehen, der sie nicht nur anhört, sondern sie übt, sich in seiner Existenz auf sie einlässt, indem er betet, d. h. den Mut hat, in jene schweigende und doch *liebend uns umfangende Unsagbarkeit hineinzusprechen, mit dem Willen, sich ihr anzuvertrauen und mit dem Glauben, angenommen zu sein von jenem heiligen Geheimnis, das wir Gott nennen, indem er sich müht, der fordernden Stimme seines Gewissens treu zu sein, indem er sich den Fragen des Lebens, der einen, schweigenden, alles umgreifenden Frage seines Daseins stellt, ihr nicht davonläuft, sie selbst anruft und anredet, ihr sich öffnet und sie annimmt als ein Geheimnis unendlicher Liebe."* [7]

---

[7] Karl Rahner „Gegenwart des Christentums", Freiburg-Basel-Wien 1963, S. 50f – aus „Über die Möglichkeit des Glaubens heute"

II.

Hans Urs von Balthasar meint tatsächlich in seinem umfangreichen Werk an verschiedenen Stellen, *"das Uneinholbare des Christlichen in einem einigermaßen abrundenden Bild vorstellen"* zu können.[8]

Es gibt Theologen und Seelsorger, die sich auf ihn berufen und den Schluss ziehen, dass es nicht nötig sei, sich der Mühe anthropologischer Wissenschaften, einschließlich deren Erkenntnisse bzw. Konsequenzen zu unterziehen. Das geht dann mitunter einher mit der – oft uneingestandenen und unausgesprochenen – Behauptung: Wenn im Christusereignis wirklich alles schon getan wurde – weil Gott ja alle Gottesfernen in der Gottverlassenheit SEINES Sohnes 'unterfängt' – alle Schuld, alle Tragik, alle Trauer – dann reicht es, sich in den Kircheninnenraum zu begeben, sich in das Opfer Christi zu vertiefen, es zu betrachten, es zu verehren. D a s ist dann das eigentlich Christliche. Und dann ist es auch nur konsequent, die Liturgie so zu überhöhen, dass

---

[8] „Es scheint mir nützlich, eine Äußerung des Verfassers (also Balthasars zu seinem eigenen Werk; RH): << *Hat es Sinn, diesem modernen Menschen seine besondere religiöse Situation zu erklären, in Abgrenzung gegen frühere? Vielleicht bis zu einem gewissen Grad, und ich habe den Versuch in „Die Gottesfrage des heutigen Menschen" unternommen; das Ergebnis enttäuscht mich; der Gedanke tauchte auf, das Uneinholbare des Christlichen für den heutigen Menschen so gut wie für den gestrigen, in einem einigermaßen abrundenden Bild vorzustellen.*>>" (Mein Werk, 61)

der liturgische Vollzug der eigentliche, der wesentlich christliche Vollzug ist; dafür einzutreten, dass Christsein sich jenseits der 'Welt', also ausschließlich im Kirchen-innenraum, vollzieht. Und das dann mit möglichst großem Pathos, vielen Zeremonien, viel Weihrauch und in besonders festlicher und feierlicher Atmosphäre. Denn für Gott ist ja nichts wertvoll genug!

Dann sind auch solche Fragen berechtigt, wie: Wozu soziale Arbeit, wozu Caritas und gesellschaftliches Engagement, wenn doch *"das Haus voll Glorie schauet"*, tatsächlich so fest gebaut ist und so lange hält, *"bis alle Stürm vorübergeh' n"*, wie es in einem anderen bekann-ten Kirchenlied heißt?

Ich bin mir sehr bewusst, dass dies eine starke Über-zeichnung ist, die verletzt, insbesondere dann, wenn sie gutgemeintem Tun falsche Intentionen unterstellt, zumal diese Überzeichnung im Konkreten nicht frei ist von Ungerechtigkeit und einer gewissen 'Portion' Unfairness. Dennoch glaube ich, eine gewisse Tendenz in der landläufigen Pastoral angezielt zu haben. Sie widerspricht der Lehrmeinung der römisch – katholischen Kirche. Und – was mir an dieser Stelle auch ganz besonders wichtig ist – ist der Hinweis, dass diese Art ‚partieller Katholizität' sich auf keinen Fall auf einen so großen Glaubenszeugen wie Hans Urs von Balthasar berufen kann und darf! Dagegen spricht nicht nur sein gewaltiges Werk, in dem viele anthropologische Zugänge und Erfah-rungen zu finden sind. Dagegen spricht sein gesamtes Denken und vor allem sein seelsorgerisches Tun.

Und darum komme ich auf *Hans Urs von Balthasar* an dieser Stelle auch noch einmal explizit zurück, gilt er doch – neben Karl Rahner – als *der* maßgebende katholische Theologe des 20. Jahrhunderts.

Man wird sagen dürfen, dass bei all seinem Gedankenreichtum manche seiner Äußerungen leider nicht eindeutig und kohärent sind, sondern eher ‚schillernd‘, ambivalent, mehrdeutig. Sie reichen von der (durchaus fraglichen) ‚Weltschau‘[9] und seinem (fragwürdigen!) „Zurücktasten in das Geheimnis des Absoluten"[10] einerseits hin bis zum Insistieren auf den Akt der Barmherzigkeit, auf den es – auch bei ihm! – letztlich ankommt, andererseits. Zwei Beispiele mögen diese Ambivalenz in seinem Werk belegen.

---

[9] *„Dort erübrigt sich auch die Angst vor der Provokation durch atheistische Freiheitsentwürfe. Denn sie alle stehen schließlich mit den Christen zusammen in der gleichen Provokation durch die Weltwirklichkeit selbst...und können ihr nur mit einer diese Wirklichkeit transzendierenden Utopie begegnen. Nie wird innerweltlich das Herr – Knecht – Verhältnis völlig aufhebbar sein (Marx), nie wird der Mensch seinen Ursprung völlig einholen und verarbeiten (Freud), nie wird er als ‚Übermensch‘ der vollkommen Schenkende, sich niemandem Verdankende sein (Nietzsche). Nie wird in dieser Welt der Mensch den wahrhaft freien ‚homo absconditus‘ (Bloch) aus sich selber heraus zaubern oder eine aggressionslose Natur (Marcuse) konstruieren können. Der christliche Freiheitsentwurf ist doch größer als alle diese Entwürfe, da er die Freiheit zum Tode nicht nur (mit der Stoa und Buddha) einholt, sondern sie überholt im freien Glauben Christi, dass Gott ihn, den ganzen Menschen – mit seinen Brüdern, mit Geschichte und Kosmos – ins Heile heben wird am ‚dritten Tag‘"* (Hans Urs von Balthasar „In Gottes Einsatz leben", Johannes Verlag Einsiedeln,1971, S.114)

[10] Hans Urs von Balthasar „Theodramatik III, S. 301-304, Einsiedeln 1980

„Die Provokation im Satz >>Ich bin der Weg, die Wahrheit und das Leben<< ist durch keine Vermittlung zu entschärfen. Sie wird von nirgendsher angenähert. Sie bleibt inmitten der Geschichte einsam stehen. Alles ruht auf dieser unkonstruierbaren Spitze. Sie >>ergibt<< sich nicht aus der Kombination oder Synthese von jüdischen und hellenistischen Erwartungen. Sie ist unerwartbar. Und wo sie plötzlich dasteht, fordert sie sofortig und ohne eine Reflexionspause einzuräumen den Glauben."[11]

Diese „unkonstruierbare Spitze", die weder erwartbar ist und der man sich auch von nirgendsher „annähern" kann, steht unvermittelt folgender Aussage gegenüber, die *Medard Kehl* [12] in der ergreifenden Schlusspassage über Balthasars „Credo" herausstreicht:

„‚Glaubhaft ist nur Liebe' (so der Titel eines Buches, das 1963 erschienen ist und wie eine Kurzformel das ganze Denken v. Balthasars enthält); d.h. des letzten und umfassenden Sich - Anvertrauens im Leben und Sterben ist nur eine Liebe würdig, die mich in allen Situationen tragen und heilen kann... Von dieser glaubenden Grunderfahrung her wird verständlich, warum v. Balthasar, ein leidenschaftlicher Verfechter der kontemplativen Lebensform, doch (im Anschluss an Mt 25, 31 ff) die Barm-

---

[11] 2 Plädoyers, München 1971, S. 28

[12] Text von Medard Kehl über Hans Urs von Balthasar – aus der Einführung zu „Credo" von Hans Urs von Balthasar, Einsiedeln-Freiburg 2009 (Seitenzahlen immer in Klammern, Hervorhebungen - RH)

herzigkeit dem notleidenden Nächsten gegenüber als das im letzten Gericht und damit für unser ewiges Heil entscheidende Kriterium ansieht. In einer menschlich sehr anrührenden Weise verweist dieser große spekulative Denker bei der Frage, was am Ende wirklich endgültig zählt, ganz schlicht auf das Erbarmen: ‚Haben wir Erbarmen gezeigt oder nur uns selbst geliebt?‘ (59). Danach wird uns die Barmherzigkeit Gottes richten, nicht nach der Höhe unserer theologischen Geistesflüge, und auch nicht nach der Tiefe unserer mystischen Selbst – und Seelenerfahrungen.“ (20 f)

Was im Leben wirklich zählt, wonach uns „die Barmherzigkeit Gottes richten“ wird, ist demnach bei Hans Urs von Balthasar einzig die Frage: „Haben wir Erbarmen gezeigt?“. Nicht zufällig beruft sich von Balthasar an dieser – letztlich entscheidenden – Stelle auf Mt 25, 31 ff. Es ist exakt diese Stelle aus der Heiligen Schrift, die für die Theorie von den „Anonymen Christen“ – denen Balthasars ja bekanntlich sehr skeptisch gegenübersteht[13] – bei *Karl Rahner* von so eminent wichtiger Bedeutung ist.

„Bedeutsam für die Theorie von den ‚anonymen Christen‘ ist die Gerichtsrede somit deshalb, weil nicht die Gliedschaft an einer ‚Heilsgemeinde‘ – an Israel oder an der Kirche –, sondern das Tun des Willens Gottes als ausschlaggebend für das Heil betrachtet wird.

---

[13] Hans Urs von Balthasar „Cordula oder der Ernstfall“, Einsiedeln 1968. Darum ist dieser Hinweis Kehls auch ein wichtiger Beleg, wie eng die Theologie Balthasars mit der von Karl Rahner verbunden ist.

Noch mehr. Dieser Text unterstreicht die Möglichkeit nicht nur von gewissermaßen 'anonymen Theisten', sondern eben auch von 'anonymen Christen', insofern nämlich der Zuspruch der Basileia, 'nun doch christologisch begründet wird: Wer zu anderen Menschen barmherzig ist, stehe er selbst innerhalb oder außerhalb Israels, verhält sich damit zu Christus hin. Er ist dabei auf Christus ausgerichtet, selbst wenn er ihn gar nicht kennt.'"[14]

Auf unserem jüngsten Bistumstag[15] sagte unser Erzbischof über die Caritas, dass an ihr sichtbar und erlebbar wird

"was es bedeutet, eine Kirche zu sein, die in die Welt geht und dort Christus sucht u n d   f i n d e t, wo man ihn zunächst nicht vermuten würde."

Theologisch ist dies nicht unbedingt selbstverständlich, weil es gewöhnlich oft heißt, dass wir in SEINEM AUFTRAG in die Welt hinausgehen sollen. Nicht so häufig hören wir davon, dass dort, wo 'Welt' ist, uns Christus entgegenkommt, ja, dass man ihn dort tatsächlich auch findet. Das heißt ja eigentlich, dass es keinen Ort gibt, wo ER nicht angetroffen werden kann. Mich erinnert diese Aussage unseres Erzbischofs an ein Wort Karl Rahners aus dem Jahr 1958[16]:

---

[14] Nikolaus Schwerdtfeger „Gnade und Welt", Freiburg-Basel-Wien 1982, S. 40

[15] Hamburg, 09.11.2019

[16] Zur Theologie der Menschwerdung", „Schriften zur Theologie" IV, 1964, S. 153 f

„Gott und Christi Gnade sind in allem als geheime Essenz aller wählbaren Wirklichkeit, und darum ist es nicht so leicht, nach etwas zu greifen, ohne mit Gott und Christus...zu tun zu bekommen."

Vielleicht ist hier auch der Ort, noch kurz auf drei „Kurzformeln des Glaubens" von Karl Rahner, Hans Urs von Balthasar und Eugen Drewermann kurz einzugehen. In ihnen geht es einerseits um das Eigentliche des Christentums. Andererseits – wie ‚in nuce' – spiegelt sich in ihnen das wider, worum es diesen großen Glaubenszeugen in ihren kaum mehr überschaubaren Werken geht.[17]

Balthasar, Hans Urs von

„Das Tiefste am Christentum ist die Liebe Gottes zur Erde. Dass Gott in seinem Himmel reich ist, wissen andere Religionen auch. Dass er mit seinen Geschöpfen zusammen arm sein wollte, dass er in seinem Himmel an seiner Welt leiden wollte, ja gelitten hat und durch seine Menschwerdung sich instand setzte, dies sein Leiden der Liebe seinen Geschöpfen zu beweisen: das ist das Unerhörte bisher."[18]

----

[17] Es ist kein Zufall – ich habe es bewusst in den Quellenangaben festgehalten – dass in zwei großen Sammelwerken über Balthasar und Rahner ausgerechnet diese kleinen Texte zu finden sind. Sie sind theologischer ‚Goldstaub', was man sicher auch über die beiden Drewermann-Zitate in diesem Zusammenhang wird sagen dürfen.

[18] Hans Urs von Balthasar „Das Christentum und die Weltreligionen – ein Durchblick", Freiburg 1989, S. 17 – vgl. auch in „Hans Urs von Balthasar „Gestalt und Werk" Köln 1989, S. 9)

Rahner, Karl

„Die eigentliche und einzige Mitte des Christentums und seiner Botschaft ist ...die wirkliche Selbstmitteilung Gottes in seiner eigensten Wirklichkeit und Herrlichkeit an die Kreatur, ist das Bekenntnis zu der unwahrscheinlichsten Wahrheit, dass Gott selbst mit seiner unendlichen Wirklichkeit und Herrlichkeit, Heiligkeit, Freiheit und Liebe wirklich ohne Abstrich bei uns selbst in der Kreatürlichkeit unserer Existenz ankommen kann..."[19]

Eugen Drewermann

„Es ist einzig die Liebe, die uns lehrt, dass wir mehr sind als nur ein Teil der Natur. Nichts von all dem, was uns umgibt, beantwortet irgendeine wesentliche Frage unseres Lebens.... Die Erde ermöglicht uns, aber wir sind ihr gleichgültig. Und bliebe es nur dabei, müssten wir fast denken, dass sich die Natur erlaubt hätte, mit uns gewissermaßen Scherz zu treiben, indem sie Wesen hervorbringt, die immerzu Fragen in ihren Köpfen haben, auf die sie nicht nur zu antworten sich weigert, sondern die sie mit ihren toten Gesetzen gar nicht beantworten kann...[20]

[19] Karl Rahner „Erfahrungen eines katholischen Theologen", in K. Lehmann (HG.) „Vor dem Geheimnis Gottes den Menschen verstehen", Freiburg i.Br. 1984, 105-119, 109f – auch in „Der Denkweg Karl Rahners", Mainz 2004,   S. 301)
[20] Eugen Drewermann „Das Wichtigste im Leben", Ostfildern 2015, S. 88 f

„Wir sagten, dass es völlig unzureichend ist, wenn ein Mensch erklären würde, dass er nichts weiter sei als das Kind seiner Eltern.... Er würde soziologisch ständig abhängig bleiben von seinem Milieu... Selbst wenn seine Eltern gewünscht hätten, dass ein Kind wie er geboren werden würde, ihn als Person hätten sie gar nicht wünschen können. Mit anderen Worten: Unsere individuelle Existenz ist das wirkliche Problem...Es gibt keine hinreichende Erklärung dafür, dass es mich in meiner Individualität gibt... Mit der Entstehung des menschlichen Bewusstseins riskiert die Evolution zum ersten Mal eine Lebensform, die an sie selber, an die Natur, Fragen richtet, die sie definitiv in ihrem eigenen Rahmen als Natur nicht beantworten kann. Sie schafft zum ersten Mal ein Lebewesen, das radikal sein Ungenügen findet in einer Natur, die zu allen Fragen, die wichtig sind, schweigen wird..."[21]

[21] Eugen Drewermann „Wir glauben, weil wir lieben", Ostfildern 2010,   S. 157 ff

III.

Es spricht sich relativ leicht aus, dass wir drei Grund-
vollzüge kirchlichen Lebens haben, die Liturgie, die
Verkündigung und die Caritas bzw. Diakonie. Gerade der
letztgenannte Grundvollzug sollte einerseits dafür sorgen,
dass Menschen sich (nicht nur) in der Kirche nicht ‚abge-
hängt‘, sondern angenommen fühlen. Und er sollte auch
sicherstellen, dass kirchliches Leben der Welt zugewandt
ist und bleibt, jener Welt, mit all ihren wunderbaren Möglichkeiten und gleichzeitig ihren grauenvollen Abgründen
und Ängsten. Kirche darf dies weder verdrängen, noch
darf sie davonlaufen oder sich in sich selber verschließen,
denn „das Wort ist Mensch geworden".

Mir ist die Herausforderung der „Kirche in der Welt von
heute"[22] besonders nachdrücklich in einem Buch von
1960 vor Augen geführt worden. Aus einer Zeit also, in
der von Digitalisierung und auch von Globalisierung
explizit noch kaum die Rede war. Sowohl der ‚platte
Materialismus‘ als auch die Anfrage durch fernöstliche
Religionen spielten allerdings schon seinerzeit eine
herausgehobene Rolle.

*„Worauf ich hinauswill, zeigt vielleicht am besten die
Gegenüberstellung der christlichen und der buddhistischen Auffassung. Der Kern der buddhistischen Metaphysik ist die Lehre von der Nicht – Substanzialität und
vom Nicht – Selbst. Nach dieser Lehre gibt es durch alle
Seinssphären hindurch nichts Beständiges. Auch die
menschliche Individualität ist nur scheinbar etwas*

---

[22] Pastoralkonstitution des Zweiten Vatikanischen Konzils

Unteilbares und Dauerhaftes. In Wahrheit gibt es keine Dinge, sondern nur Prozesse, die für eine bestimmte Zeitdauer bestimmte Strukturen aufbauen, um sie dann wieder abzubauen. Die ‚Erlösung‘ besteht im Auslaufen der Prozesse und in der Auflösung der durch diese Prozesse zustande kommenden Strukturen, zu denen gerade auch die menschlichen Personen gehören. [23]

Die ‚Alternative‘ zum Glauben ist also die „Auflösung menschlicher Personen". Man muss sich diesen Sachverhalt einmal klarmachen und deutlich vor Augen führen, was hier als „Erlösung" beschrieben wird! Empfohlen wird die buddhistische Weltsicht, nach der Individualität nur Schein ist und Leiden verursacht.

Nach meinem Dafürhalten hat in jüngerer Zeit besonders auch *Eugen Drewermann* in gleichermaßen einfühlsamen wie einprägsamen Worten auf die ‚buddhistische Herausforderung‘ auf unsere Frage nach dem Leid und der Not geantwortet:

„Der Buddha ist Jesus ähnlich in der Analyse...Auch der Buddha will im Grunde den Blick auf den Menschen mit den Augen eines Arztes, eines Therapeuten, richten. Man soll...den Ursachen nachgehen. So findet er eine ganze Menge, ein ganzes Getriebe, das aus Unwissenheit unendliche Folgerungen für die Menschen nach sich zieht, wie das Haften an den Dingen, wie die üblichen Fehlidentifikationen, so würden wir heute sagen, nebst all den falschen Ansprüchen, die sich daraus ergeben,

---

[23] Gerhard Szczesny in Friedrich Heer/Gerhard Szczesny „Glaube und Unglaube", München 1960, S. 78

25

Illusionen aller Art. All das kann man auflösen, lehrt der Buddha, und dann Frieden haben. Für Jesus ist das Problem des menschlichen Daseins durchaus vergleichbar, doch es stellt sich ihm ungleich dramatischer, indem er von den Ängsten der Person ausgeht. Das ist etwas, das der Buddha so nicht kennt...Buddha kann sich am Ende ins Universum auflösen. Jesus kann die Angst, die er als Problem entdeckt, nur lösen, indem er dem Individuum hilft, sich selber in aller Ausgesetztheit inmitten des Universums in den Händen Gottes zu bergen... Der Buddha hat gelernt, als Königssohn zum Bettler zu werden, um am Ende ein Mönch zu sein. Das beschreibt in drei Stadien den Weg des Buddha. Jesus hat gelernt, in jedem Bettler den Königssohn zu entdecken und ihm zu sagen: >>Du bist ein Sohn, eine Tochter des Allerhöchsten.<< Mitten im Schlamm die Perlen zu finden, die man für gewöhnlich übersieht, das ist ein ganz anderer Weg. " [24]

Exkurs: Leid-Tragik-Gottvertrauen

Die Frage scheint berechtigt: Was rechtfertigt angesichts des Zustandes der Welt unser Gottvertrauen zum Gott Jesu Christi? Anders gesagt: Warum kann man Jesus das Vertrauen in seinen ‚Vater‘ abnehmen‘, warum kann man dieser Botschaft einer universellen Liebe und Barmherzigkeit „intellektuell redlich" glauben, warum kann man Jesus von Nazareth bedingungslos vertrauen angesichts all der Gräuel und des Elends in dieser Welt?

---

[24] Eugen Drewermann „Wir glauben, weil wir lieben", Ostfildern 2010, S. 61 f

Ein erster Hinweis ist sicherlich der anthropzentrische Wahn, mit dem wir Maßstäbe an die Welt anlegen, die nur uns, unserem kleinen Vermögen bzw. Unvermögen entsprechen. Wir überdehnen unsere Maßstäbe maßlos und wundern uns, dass nichts wirklich zusammenpasst, wenn wir unsere Moralvorstellungen dem Weltzustand gegenüberstellen.

Eugen Drewermann drückt diesen Aspekt so aus:

„...die Schuld des Christentums an der ökologischen Krise liegt...darin, dass es die Antropozentrik des Alten Testamentes soweit sublimiert und radikalisiert hat, dass seine Moral des Mitleids und der Menschlichkeit am Ende die Quellen der Frömmigkeit vergiften und den Menschen selbst in einer gottlosen und heimatlosen Welt ohne Sinn und Halt zurücklassen musste. Nachdem es die einfachsten Naturtatsachen, wie Krankheit, Alter und Tod nicht als natürliche Tatsachen hinzunehmen vermocht hat, schuf das Christentum eine Mentalität, die nach dem <<Tode>> Gottes an der Verzweiflung eines enttäuschten Mitleids die überkommene anthropozentrische Moralität der alten Religion wohl beibehielt, aber den Gottesglauben des Christentums als Phantasterei ablehnte...
Nachdem das Christentum es versäumt hatte, mit der Natur auf natürliche Weise so erfüllt zu leben, dass man in das Los von Alter, Krankheit und Tod sich widerspruchsfrei zu fügen vermöchte, war es nun wahrlich kein Wunder, dass man in der Konsequenz der christlichen Anthropozentrik und des christlichen Mitleids daran ging, das Quantum an Leid, das die Natur der menschlichen Gattung auferlegt hat, von den Menschen

fernzuhalten und nach Möglichkeit auf die Mitgeschöpfe zu verschieben...und zu spät begreifen wir, dass die eigene Unnatur uns selber auf diesem Planeten parasitär gemacht hat, obwohl sie in ihrer Konsequenz am Ende, nach der Zerstörung alles Nicht-Menschlichen, sich auch gegen den Menschen selber wird richten müssen. "[25]

Karl Rahner spricht denselben Sachverhalt mit Pathos und großer Eindringlichkeit aus, und zwar in einem Monolog mit dialogischem Charakter. Nachdem die Frage in den Raum gestellt wird, ob unsere Lebensgier und unser Glückshunger wirklich das „einzige und Endgültige der Welt" sind, wird der moderne Mensch selbst von Gott gefragt – und damit in Frage gestellt -:

„Warum fordert ihr plötzlich bei Gott Abhilfe für das, was ihr selber angerichtet habt?... Hat Gott zu beweisen, dass Er gut und heilig ist...Woher wisst ihr, dass alle Sterne erlöschen, wenn es nach eurem Eindruck bei euch finster wird? Woher wisst ihr, dass ihr ins Bodenlose fallet, wenn ihr nicht mehr wisset, woran ihr euch halten sollt? "[26]

Karl Pfleger bringt – ein weiterer Aspekt - die Weltsicht *Teilhard de Chardins* ‚in' s Spiel', für den mit dem Auftreten des menschlichen Geistes ein ganz neues Zeitalter begonnen hat. Das hat zur Folge, dass ab jetzt

---

[25] Eugen Drewermann „Der tödliche Fortschritt", Freiburg-Basel-Wien1991, 6. Auflage, S. 197 f
[26] Karl Rahner „Von der Not und dem Segen des Gebetes", Herder Tb, Freiburg-Basel-Wien 1964, 6. Auflage, S.82-85

28

neue Maßstäbe gelten, neue Ziele und neue Formen des Umgangs miteinander:

„Nachdem einmal im Phänomen des Lebens der Gedanke, der Geist aufgetaucht ist, gilt für Teilhard die rein biologische Evolution als überholt, genauso wie mit der Erscheinung des Lebens alle bloß materiellen Transformationen überholt waren. Alles, was von jetzt ab in der Weiterentwicklung zählt, geschieht auf der geistigen, spirituellen Ebene. Auf ihr ist es von jetzt ab der Mensch, der die Evolution weiterführt. Worin anders kann diese bestehen als in der Einigung der denkenden Menschheit?[27]

Ein weiterer Hinweis in diesem Zusammenhang ist – gewissermaßen das andere Ende vom Spektrum der Skala -mit der Verharmlosung alles Schrecklichen gegeben. Leid, Tragik, Not und Tod verlangen – von uns aus - nach Erlösung, weil kein Mensch damit leben kann, dass diese Wirklichkeit – so, wie sie ist – Letztgültigkeit beanspruchen kann und darf! Auch dieser Hinweis auf die ‚existentielle Transzendenz'[28] wirft unerbittlich die Frage

---

[27] Karl Pfleger „Christusfreude", Frankfurt/Main 1973, S. 95

[28] Belege für die „existentielle Transzendenz" – Vgl. Karl Rahner „Einübung priesterlicher Existenz" , Freiburg-Basel-Wien 1970, S. 195; Nikolaus Schwerdtfeger „Gnade und Welt", Freiburg-Basel-Wien 1982, S. 321; der Sache nach in Ralf Miggelbrink „Ekstatische Gottesliebe im tätigen Weltbezug", Altenberge 1989, S. 284.

nach der Bedingung ihrer Möglichkeit auf. *Karl Rahner* schreibt dazu:

„Aber eben dass der Vollzug des Geistes, der Freiheit und der personalen Entscheidung so materiell bedingt ist, ist doch ein Problem, das mit der Feststellung dieser Bedingtheit noch nicht gelöst ist. Es soll Freiheit sein, Selbstbestimmung, unwiederholbare Einmaligkeit. Was so sein will, gerät, um so zu sein, in den anonymen Zwang des biologisch Notwendigen und allgemein Gesetzlichen, will Geist in einmaliger Freiheit sein und wird Materie unter allgemeinem Zwang. Dieser Schmerz wäre nur dann beseitigt, wenn sich der Geist als sekundäre Erscheinungsform des Materiellen verstehen könnte…

Fernerhin lässt sich das Leid aus der Geschichte der Freiheit nicht verharmlosen. Es kann nicht adäquat zurückgeführt werden auf jene Härten, die aus dem Materiellen selber kommen…Die Schuld, die den Marsch in die Gaskammern von Auschwitz zu verantworten hat, lässt sich nicht auflösen in die Phänomene, durch die der Zug von Wanderameisen, der in einen Abgrund stürzt, hervorgerufen wird. Das Böse ist nicht nur ein komplizierter Fall des biologischen Unangenehmen und desjenigen Sterbens, das überall herrscht.
Der ungeheuerliche Protest, der aus der Weltgeschichte sich erhebt, ist nicht einfach der verstärkte Lärm, der ein im Grunde selbstverständliches Leben und Sterben immer und überall begleitet. Wer so den Schmerz in der Weltgeschichte verharmlosen würde, verrät die Würde der Person, der Freiheit und des absoluten Imperativs

des Sittlichen und wird nur so lange auf diese billige Weise mit dem Leid und Tod in der Menschheits-geschichte fertig, als ihn dieses Leid doch noch erst von Ferne berührt. Es gib gewiss Stoiker, die einer solchen verharmlosenden Theorie des Schmerzes und des Todes anhängen und doch mit gefasster Würde in den Tod gehen. Aber dann leben sie, ob sie es reflektieren oder nicht, aus einem tieferen Daseinsverständnis, als es diese Theorie ergreift. "[29]

In einer sehr prägnanten ‚Kurzformel des Glaubens' formuliert *Karl Rahner* an anderer Stelle das, worum es im Glauben angesichts des tatsächlichen Weltzustandes geht in einer Art und Weise, die alles Nebensächliche bei Seite lässt, um den Kern dessen, worum es im Glauben geht, umso heller erstrahlen zu lassen:

„*Das Christentum stellt also dem Menschen die eine Frage, wie er sich im Grunde verstehen wolle: ob als handelndes Wesen nur im Ganzen ...oder als empfangend -handelndes Wesen des Ganzen...Das ist im letzten die einzige Frage, die das Christentum stellt...*

Mit Gott, endgültiger Unmittelbarkeit zu ihm, Gnade und Jesus Christus ist aber das Ganze der Heilswirklichkeit umgriffen, die der christliche Glaube bekennt. Da aber alle diese Worte nur das eine besagen, dass nämlich die Welt eine absolute Zukunft, und zwar wirklich als heile besitzt, dass ihr Werden erst in der Absolutheit Gottes

---

[29] Karl Rahner „Praxis des Glaubens", Zürich – Köln und Freiburg–Basel-Wien 1982, S. 433 f

selbst ihr Ziel hat, so ist es berechtigt, wenn wir sagen, das Christentum sei die Religion der absoluten Zukunft...[30]

Doch es bleiben Fragen: *Verharmlost oder ignoriert gar Karl Rahner die „Strukturen des Bösen"?* [31]So könnte man denken, wenn man im Hauptwerk Eugen Drewermanns folgenden Vorwurf an die Adresse Karl Rahners gerichtet liest:

„Man sieht, dass es dem Ernst und der Radikalität der Sünde nicht entspricht, wenn man, z.B. in der Rahnerschen Theologie...immer wieder versichert, dass jeder Mensch, auch der Sünder, unter Gottes Heilswillen stehe. Der allgemeine Heilswille Gottes steht außer Frage...Aber die Entsetzlichkeit der Sünde begreift man so nicht, dass sie darin besteht, die Gnade, die Erlösung nicht zu wollen, da diese als Bedrohung der gesamten Existenzeinrichtung empfunden werden muss; denn nichts stellt die Gnadenlosigkeit der Welt, in der ein Mensch ohne Gott sich einrichten muss, mehr in Frage als die Gnade selbst...so besteht die Sünde in ihrer eigentlichen Konsequenz nicht nur in dem ,Verlust der Gnade', sondern in der Verweigerung der Gnade. Daher kann es nicht anders sein, als dass der Übergang von der Sünde zur Erlösung...einem Tod, einem Sterben des alten Menschen, dem Zusammenbruch der gesamten Existenz-

---

[30] Karl Rahner in „Der Dialog" Garaudy-Metz-Rahner, Hamburg 1965, S. 14 ff
[31] Buchtitel von Eugen Drewermann

einstellung gleichkommt. Gnade also als Weltuntergang!
Als neue Schöpfung![32]

An anderer Stelle formuliert Drewermann „*das Verhältnis des Christentums zu den außerbiblischen Religionen"*
mit klaren Worten; Rahners ‚anonyme Christen' geraten
dabei unzweideutig in den Fokus der Kritik:

„*Und hier auch muss das Christentum all den Widerspruch vom Judentum wie eine heilige Erbschaft übernehmen, die es verbietet, die absolute Differenz des
Glaubens und des Unglaubens in ein bloßes Wechselspiel
von Anonymität und Ausdrücklichkeit aufzulösen."[33]*

Nun weiß Eugen Drewermann sehr genau, welche
Implikationen der rahnersche Begriff des ‚anonymen
Christen'[34] impliziert bzw. voraussetzt. Darum schreibt er
an anderer Stelle auch:

„*...man braucht von den fremden Religionen überhaupt
nichts zu kennen – wenn man nur ‚Christus kennt', so ist
man schon in seiner Wahrheit und hat augenblicklich das
Recht und die Pflicht, alle anderen Menschen, die keine
Christen sind, <<bekehren>> zu müssen. Gegenüber
einer solchen neokolonialistischen Christologie der
Arroganz und der Ignoranz behaupte ich allerdings, dass*

---

[32] Eugen Drewermann „Strukturen des Bösen" III, Paderborn –
München – Wien – Zürich 1988(Sonderausgabe), S. 495
[33] Eugen Drewermann „Strukturen des Bösen" III, Paderborn –
München – Wien – Zürich 1996 (8. Auflage) , S.176
[34] Hier sei nur auf „Gnade und Welt" von Nikolaus Schwerdtfeger
(Freiburg – Basel – Wien 1982) verwiesen.

man weder die Person noch das Anliegen Jesu zu verstehen vermag, solange man glaubt, im Namen Jesu irgendetwas verleugnen, verteufeln, verdrängen oder gar nicht erst zur Kenntnis nehmen zu müssen. Es scheint, als sei die anthropologische Wende in der systematischen Theologie, Karl Rahners Lehre z.B. vom anonymen Christentum, bis zu gewissen Kreisen der katholischen Exegese immer noch nicht vorgedrungen... "[35]

Die Spannungen zwischen diesen Aussagen können darauf aufmerksam machen, dass dieser Vorwurf wohl doch etwas voreilig und gewagt formuliert wurde. Denn, so formuliert es Nikolaus Schwerdtfeger,

„... ist für das Verständnis Rahners zu beherzigen: Seine Theologie darf nicht einfach auf Transzendentaltheologie reduziert werden. Mehrfach hat er die notwendige Selbstbeschränkung der Transzendentaltheologie herausgestellt, die nicht die Theologie sein kann und darf, sondern nur ein Aspekt von ihr. Gerade durch ihre eigene Reflexion darauf, dass der menschliche Geist durch hinnehmende Erkenntnis charakterisiert bleibt, dass für ihn die dialogische Beziehung konstitutiv ist, dass er sprachlich verfasst ist und in einem Überlieferungsgeschehen sich vorfindet...unterstreicht sie von sich aus die Dimension nicht deduzierbarer und im letzten unreflektierbarer Geschichte. Sie fordert daher selbst, ihr vorausgehend und ihr folgend, eine phänomenologisch - hermeneutisch arbeitende Theologie, die das Konkret - Geschichtliche zur Anschauung bringt und auslegt...

---

[35] Eugen Drewermann „An ihren Früchten sollt ihr sie erkennen", Olten und Freiburg im Breisgau 1988 (3. Auflage), S. 46 f

„Jede katholische Dogmatik wird Essenz – und Existenztheologie sein, d. h. einfach gesagt, nach notwendigen Wesensstrukturen und Zusammenhängen fragen und berichten müssen, was und wie es in der Heilgeschichte tatsächlich – frei und unableitbar – zuging (I, 23 f.) " [36]

Rahner selbst schreibt dazu in seiner *„Einführung in den Begriff des Christentums" („Grundkurs des Glaubens")*

„Wenn die Selbstmitteilung Gottes eine bis zum letzten radikalisierende Modifikation unserer Transzendentalität als solcher ist, durch die wir Subjekte sind, und wenn wir als solche Subjekte von transzendentaler Unbegrenztheit in der banalsten Alltäglichkeit unseres Daseins, im profanen Umgang mit irgendwelchen Wirklichkeiten einzelner Art sind, dann ist damit prinzipiell gegeben, dass die ursprüngliche Erfahrung Gottes auch in seiner Selbstmitteilung so allgemein, so unthematisch, so ‚unreligiös' sein kann, dass sie überall vorkommt – namenlos, aber wirklich -, wo wir überhaupt unser Dasein treiben.

Wo der Mensch theoretisch oder praktisch erkennend oder subjekthaft handelnd in den Abgrund seines Daseins fällt, der allein allem Grund gibt, und wo dieser Mensch dabei den Mut hat, in sich selbst hineinzublicken und in seiner Tiefe seine letzte Wahrheit zu finden, da kann er auch die Erfahrung machen, dass dieser Abgrund als die wahre vergebende Bergung ihn annimmt und die

---

[36] Nikolaus Schwerdtfeger „Gnade und Welt", Freiburg-Basel-Wien 1982, S. 64

Legitimierung und den Mut für den Glauben gibt, dass die Deutung dieser Erfahrung durch die Heils – und Offenbarungsgeschichte der Menschheit (d.h. die Deutung dieser Erfahrung als des Ereignisses der radikalen Selbstmitteilung Gottes) die letzte Tiefe, die letzte Wahrheit eben dieser scheinbar so banalen Erfahrung ist.

Natürlich hat eine solche Erfahrung auch ihre ausgezeichneten Momente: in der Erfahrung des Todes, einer radikalen Gültigkeit der Liebe usw. Da merkt ja der Mensch deutlicher als sonst, dass er, über das einzelne hinausgreifend, vor sich und vor das heilige Geheimnis Gottes kommt, und diese letzte Wahrheit des Christentums von der Selbstmitteilung Gottes sagt ja dazu nur, auch noch einmal deutend und interpretierend, dass dieses Kommen nicht ein bloßes Kommen vor eine abweisende unendliche, nicht umfassbare Ferne ist, sondern dass sich uns dieses Geheimnis selbst mitteilt...
Der Mensch erfährt sich gleichzeitig als das Subjekt des Ereignisses der absoluten Selbstmitteilung Gottes, als das Subjekt, das in Freiheit in ,Ja' und ,Nein' schon immer zu diesem Ereignis Stellung genommen hat und dabei die konkrete wirkliche Weise dieser seiner Stellungnahme nie adäquat reflektieren kann. So bleibt er sich selber in dieser Grundfrage seines Daseins, die er subjekthaft schon immer beantwortet hat, in der Reflexion immer zweideutig als ein Subjekt, das die Subjekthaftigkeit der gnadenhaft erhobenen Transzendenz vollzieht in der aposteriorischen geschichtlichen, nie adäquat verfügten Begegnung mit seiner Um-und Mitwelt, in der Begegnung mit einem menschlichen Du, an dem Geschichte und Transzendenz und durch beides

die Begegnung mit Gott als dem absoluten Du in Einheit ihren einen Vollzug finden. "[37]

Rahner ist sich also der Schwierigkeit seines Unterfangens sehr bewusst, wenn er schreibt:

„Man kann darum auch nicht im eigentlichen Sinn einen Begriff von Gott bilden und danach dann fragen, ob so etwas auch in der Wirklichkeit gegeben ist. Der Begriff in seinem ursprünglichen Grund und die Wirklichkeit selbst, die als solche dieser Begriff meint, gehen in einem auf oder werden in einem verborgen. "[38]

Und weiter:

„Wollten wir diese ursprüngliche Gotteserkenntnis in der Transzendenz vom subjektiven Pol allein her begreifen... dann hätten wir einmal die Schwierigkeit, Intentionalität als solche beschreiben zu müssen, ohne von dem zu reden, woraufhin sie geht; wir hätten zum anderen die Last, eine existentielle Mystagogie suchen zu müssen, die den einzelnen in seinem konkreten Dasein auf die Erfahrungen, sie beschreibend, aufmerksam macht, in denen gerade er als dieser einzelne die Erfahrung des transzendierenden Sich-selbst-weggenommen-Seins in das unsagbare Geheimnis hinein macht. Da die Deutlichkeit der Überzeugungskraft der vielfältigen einzelnen derartigen Erfahrungen in der Angst, der absolut

---

[37] Karl Rahner „Grundkurs des Glaubens", Freiburg – Basel – Wien 1976 (5. Auflage), S. 138 f)
[38] Karl Rahner „Grundkurs des Glaubens", Freiburg – Basel – Wien 1984 (Sonderausgabe) S. 64

subjekthaften Sorge, in der unabwälzbaren Freiheits-
verantwortung der Liebe, in der Freude usw. bei den
einzelnen Menschen...sehr verschieden ist, müsste eine
solche Mystagogie...bei den einzelnen Menschen sehr
verschieden sein." [39]

Hier mag vielleicht *eine kleine Geschichte aus der*
Theologie des 20. Jahrhunderts weiterhelfen. In ihr geht
es vorrangig um die *„Option für die Armen"* und um eine
Akzentuierung in der Gottesverkündigung.

Die biblische Parabel vom „barmherzigen Samariter" ist
Teil der Weltliteratur. Sie ist jedermann geläufig, so dass
nur kurz daran erinnert zu werden braucht. Da gibt es
eine gefährliche Straße zwischen der Hauptstadt
Jerusalem und dem Städtchen Jericho. Gefährlich ist der
Weg, weil unterwegs Räuber lauern, die es recht einfach
haben, weil der gar nicht so lange Weg einen nicht
unerheblichen Höhenunterschied aufweist. Räuber, die
Wanderer überfallen, haben ein geringes Risiko, denn die
unwirtliche Umgebung bietet genügend Fluchtmög-
lichkeiten. Und nun wird erzählt, wie ein Wanderer eines
Tages unter die Räuber fällt, ausgeraubt wird, verletzt
und einsam am Wegesrand liegengelassen wird. Es
kommen Männer vorbei, die in der bürgerlichen und
religiösen Gesellschaft hohe Anerkennung genießen, die
einen hohen Status haben. Sie geben vor, keine Zeit zu
haben. Vielleicht spielte auch Angst keine geringe Rolle.
Jedenfalls gingen sie, wie es heißt, vorüber und leisteten
keine Hilfe. Hilfe kam erst von einem Fremden, einem

[39] Karl Rahner „Grundkurs des Glaubens", Freiburg-Basel-Wien 1984 (Sonderausgabe) S. 64

„Samariter". Er gehörte zu jenem Volk, das nicht den ‚rechten' Glauben hatte, weil sie Gott nicht im Tempel zu Jerusalem verehrten. Ausgerechnet dieser ‚Ungläubige' half. Ja, er tat noch mehr: Er gab dem Wirt, in dessen Herberge er den Ausgeraubten und Verletzten untergebracht hatte, noch genügend Geld für die weitere Pflege des Kranken.

Soweit diese Geschichte, die so recht anschaulich die diakonale Dimension der Kirche, die „Option für die Armen" veranschaulicht. Doch wir sollten hier nicht stehenbleiben und noch einen Schritt weitergehen. Dabei hilft uns *ein kurzer Rückblick in die Theologie des 20. Jahrhunderts.* Vor einigen Tagen starb im Alter von 91 Jahren der Münsteraner Theologe *Johannes Baptist Metz.* Er gilt gemeinhin als ‚Vater der politischen Theologie' – dem Vorläufer und Wegbereiter einer „Theologie der Befreiung". Metz war Schüler, Freund und Kritiker des Jesuitentheologen *Karl Rahner.* Dieser gilt weithin als derjenige Theologe, der die „anthropologische Wende" in der katholischen Theologie des 20. Jahrhunderts am weitreichendsten und nachhaltigsten vollzog. Anthropologische Wende meint, dass bei allen theologischen Aussagen immer der Adressat, der Mensch, im Blick genommen wird und im Blick bleibt. Das ist deshalb so wichtig, weil die ‚Offenbarung' uns nicht irgendwelche Antworten übermittelt, die wir zur Kenntnis nehmen können oder auch nicht. Nein, Offenbarung meint immer uns Menschen, sie geht uns existentiell an. Darum sind ihre Antworten ‚Heilsantworten'. Uns als Menschen würde Entscheidendes fehlen, wenn wir diese Antworten nicht vernehmen, wenn sie uns nicht zuteilwerden. Denn wir sind zutiefst „Hörer des Wortes"[40], eines Wortes des Heiles, der Zuversicht, der Vergebung.

Johannes Baptist Metz war Schüler *Karl Rahners*. Er hat Furchtbares in den letzten Kriegstagen erlebt und früh schon stellte er sich die Frage: Wie kann man heute – also nach Auschwitz – noch verantwortlich von Gott reden? Ja, kann man überhaupt noch von Gott reden? Was ist das für ein Gott, so fragte Metz unerbittlich weiter, der Auschwitz zuließ, der den Mörder über sein Opfer triumphieren lässt und dabei schweigt? Die Vernichtung des jüdischen Volkes durch die die Nationalsozialisten – so Metz – hat Auswirkungen auf unser Gottesbild und unsere Rede von Gott.

Hier ist auch der Ort, wo die Kluft zwischen ihm und seinem Lehrer Rahner am deutlichsten wird. Metz, der die schönsten Worte über seinen Lehrer fand und der bekannte, dass er auch dort, wo er ihn kritisiert, noch von seinen tiefen und feinsinnigen Erkenntnissen lebt, fragte Rahner, ob er nicht doch nur von einem bürgerlichen Menschen ausgeht, von einem Individualismus, der die Geschichte, die Gräuel, das furchtbare Leid, die Tragödien menschlicher Existenz verharmlost bzw. ausblendet.

Und hier komme ich auf die *Geschichte des barmherzigen Samariters* zurück, denn *Johannes Baptist Metz* nutzte sie, um den Unterschied zwischen seiner theologischen Auffassung und der seines Lehrers *Karl Rahner* deutlich zu machen. Er sagte zu ihm in etwa so:

„Karl, Dir geht es in Deiner Theologie vorrangig darum, dass der Hilfsbedürftige nicht unversorgt bleibt. Das ist

---

[40] Buchtitel von Karl Rahner

sehr gut und sehr richtig und ist auch ganz in meinem Sinne. Was Dir allerdings fehlt, ist der Sinn dafür, dass dies viel zu wenig ist. Meine Auffassung geht weit über den Einzelfall hinaus, denn ich sehe eine vorrangige Aufgabe darin, dafür zu sorgen, dass die Straße zwischen Jerusalem und Jericho so befestigt und bewacht wird, dass es Räubern unmöglich ist, unschuldige und wehrlose Menschen auf ihrem Weg zu überfallen."

So in etwa könnte man die unterschiedlichen theologischen Auffassungen zwischen Johannes Baptist Metz und Karl Rahner kennzeichnen. Es geht vorrangig bei Metz um den Begriff der „strukturellen Sünde"[41], den er bei Karl Rahner vermisst. Ob dieser Vorwurf berechtigt ist, ist unter Theologen umstritten. Jedenfalls hat Karl Rahner – vornehmlich in seinem geistlichen Schrifttum – immer wieder gezeigt, dass die Ergänzung von Metz seinen Ansatz nicht zu sprengen braucht, ja, dass dieser so ‚elastisch' ist, dass das Anliegen, um das es Metz geht und das Rahner für unabdingbar und unverzichtbar hält, bei ihm auch vorkommt, wenngleich er es ablehnt, als „politischer Theologe" zu gelten.

Die Auseinandersetzung zwischen Metz und Rahner schärft noch einmal das Bewusstsein, dass man auch in der Rede von Gott viel behutsamer umgehen sollte. Denn mitunter hören sich manche Reden und Predigten so an, als ob die „Landräte des lieben Gottes" (Karl Rahner) ihre Erkenntnisse weitergeben.

---

[41] Gemeint ist damit der Umstand, dass es die gesellschaftlichen Strukturen sind, die geändert werden müssen, weil sie erst das Unrecht in eklatant verheerender Weise verursachen.

Wo ist der *rechte Ort der Gottesrede?* Das ist die Frage, die zurückführt zur *„Option der Armen"* und die ihr vornehmliches Heimatrecht in der Kirche zum Ausdruck bringt. Lassen Sie es mich abschließend mit den Worten des Essener Theologen *Ralf Miggelbrink* sagen:

„Die Rede von der göttlichen Verfügung will nichts erklären...Es handelt sich bei dem diskutierten Theorem Rahners vielmehr um einen metaphysischen Ausdruck für die Hoffnung auf einen letzten Sinn menschlichen Handelns in Geschichte. Dieser ist den Menschen verborgen wie das Geheimnis Gottes. Ihm gegenüber verhält sich der Christ wie den Leidenden gegenüber, nämlich wie gegenüber Gott: handelnd, wagend, liebend, teilnehmend, auf jeden habbaren Sinn verzichtend...Rahners Gottesdenken setzt nicht bei einem metaphysischen Modell göttlicher Herrschaft ein, sondern bei der Erfahrung Gottes als des zum subjekthaften Handeln für Andere Aufrufenden und Befreienden. Der Vollzug dieses gläubigen Subjektseins ist der einzige Ort, an dem theologische Rede sinnvoll ist: Nur in der Ordnung der Gnade, die angenommen und gelebt wird, wo der Mensch sich in Nächsten - und Gottesliebe vollzieht, gibt es ein Verstehen der Wahrheit Gottes jenseits selbstgefälliger, weltbildhafter Sicherheit und jenseits der Verzweiflung."[42]

Miggelbrink sieht hier auch eine große Nähe Rahners zur *Theologin Dorothee Sölle,* die – ähnlich wie Metz → ihr Leben lang mit der Frage gerungen hat, wie man nach

---

[42] Ralf Miggelbrink „Ekstatische Gottesliebe im tätigen Weltbezug", Altenberge 1989, S. 288

Auschwitz noch an Gott glauben und von Gott reden kann.

„Nur der cooperator Dei trifft ontologisch die Wahrheit, die die Rede vom Schöpfer meint. In schöpfungs-theologischer Wendung findet sich so bei Sölle wieder, was hier als Eigenart des Rahnerschen metaphysischen Denkens über Gott beschrieben wurde: Seine Wahrheit ist in einer theologischen Existenz situiert, setzt eine Entscheidung für ein Leben aus der Gnade Gottes voraus. "[43]

Eine *weitere Frage* ist – um im Bild der Straße zwischen Jerusalem und Jericho zu bleiben – wie es um die ‚Räuber' steht: Haben sie nicht eine ‚Bringeschuld' an die Gesellschaft? Sind sie nicht zur Wiedergutmachung des durch ihr Tun entstandenen Schadens an der Allgemeinheit verpflichtet? Wie kommen sie dieser Verpflichtung nach? Und wie kann die Gesellschaft beim Ausbleiben dieses Tuns in entsprechender Weise ‚nachhelfen'? Angesichts der Missbrauchsskandale ist diese Frage heute eine, die mit großer Vehemenz an die Kirche gestellt wird. Und sie geht weit über diesen Bereich hinaus: Die „strukturelle Sünde" – das kapitalistische Wirtschaftssystem, das die Verelendung ganzer Kontinente zur Folge hat, das die natürlichen Ressourcen der Erde wider besseres Wissen täglich so ausbeutet, dass viele Tier – und Pflanzenarten für immer verloren gehen und die Erde im buchstäblichen Sinne ausgeplündert wird mit samt all den drastischen Folgen für die Umwelt und die nachfolgenden Generationen –

---

[43] Ralf Miggelbrink „Ekstatische Gottesliebe im tätigen Weltbezug", Altenberge 1989, S. 288 f

43

trägt am Ende niemand daran die Schuld und übernimmt dafür die Verantwortung? Welche Antwort kann das Evangelium geben jenseits des Kreislaufes von Klage und Anklage, Unrecht und Strafrecht, Vergehen und Rache. Mir scheint, dass *Eugen Drewermann* in seinem Vorwort zur Neuauflage seines Bestsellers „Kleriker" eine Antwort gibt, die nicht nur den Geist des Evangeliums atmet. Sie ist auch in der Lage, Kreisläufe der Gewalt und Gegengewalt zu durchbrechen, weil sie dort ansetzt, wo der Mann aus Nazareth ansetzt. Sünde wird viel tiefer verstanden als ein willentliches Vergehen, weil Tragik das „Wasserzeichen der Schöpfung" *(Balthasar)* ist. Und darum ist auch ‚Erlösung' viel mehr als eine juristisch verstandene ‚Wiedergutmachung':

„Menschen sind nicht böse, wenn sie Böses tun, und wenn sie' s tun, dann als Verunglückte und Unglückliche, als Menschen, die sich selbst verloren haben, als Verzweifelte. Deshalb ist ihnen mit Moral und Strafrecht nicht gerecht zu werden. Was sie benötigen, ist genau das, was Jesus allen Menschen als >>Erlösung<< schenken mochte: ein Ende der Verlorenheit, ein Reifen in Vertrauen, ein Überlieben der Lieblosigkeiten, die sie gekränkt und krank gemacht haben."[44]

---

[44] Eugen Drewermann „Kleriker" – Neuausgabe, topos premium, Kevelaer 2019 – aus dem aktuellen Vorwort des Autors S. XLV

IV.

Die Frage stellt sich heute mit großer Dringlichkeit: Wie soll sich die Kirche also verhalten? Wie soll sie sich pastoral ausrichten, um ihre Botschaft so auszurichten, dass sie auch ankommt. Hören wir – gleichsam als *Leitlinie* - zunächst *Karl Rahner:*

"Wir haben zuerst und zuletzt dem Menschen von heute vom innersten, seligen, befreienden, aus Angst und Selbstentfremdung erlösenden Geheimnis seines Daseins zu künden, das wir ,Gott' nennen...Wo der Mensch die Erfahrung Gottes und seines aus der tiefsten Lebensangst und der Schuld befreienden Geistes auch anfanghaft nicht gemacht hat, brauchen wir ihm die sittlichen Normen des Christentums nicht zu verkündigen. Er könnte sie ja doch nicht verstehen..."[45]

Eugen Drewermann beschreibt eindringlich und in einer aufrüttelnden Passage, wie Kirche sich heute gewissermaßen ,zu verorten' hat: Sie hat – und zwar auf den verschiedensten Feldern - dem Menschen von heute zu helfen, seine vielfältigen und verschiedensten Sorgen und Nöte überhaupt wahrzunehmen, sich seiner „abgründige(n) Ausgeliefertheit im Getto seiner Ängste, Aggressionen, Zwänge und Kompensationsversuche" bewusst zu werden. Dieser ,Aufklärung' muss praktische und angemessene Hilfe folgen, Hilfe die erfahrbar, die spürbar ist. Nur so wird man mit Ängsten und Nöten angemessen und konstruktiv umgehen können. Doch was

---

[45] Karl Rahner „Strukturwandel der Kirche als Aufgabe und Chance", Freiburg-Basel-Wien 1972, S. 72

45

heißt in diesem Zusammenhang überhaupt *angemessen* und *konstruktiv?* Davon eben handelt dieser kurze Text, indem er „das Dasein ohne Gott", das „Feld radikaler Gnadenlosigkeit" als „Krankheit" beschreibt, der gegenüber Glaube die einzig wirksame Medizin ist.

Theologie vom Menschen her – das heißt zu integrieren, was man heute über den Menschen weiß: - seine Gefühle, die den Hunderten von Millionen Jahren sich verdanken, in denen er sich aus der Tierreihe entwickelte; die Antriebe, Sehnsüchte, Bilder seiner Psyche, die tief im Unbewussten liegen; die Ohnmacht des Bewusstseins gegenüber dem bewussten Wollen; die abgründige Ausgeliefertheit im Getto seiner Ängste, Aggressionen, Zwänge und Kompensationsversuche; - das Warten auf Erlösung durch eine Gnade, die es inmitten der gesamten Welt nicht gibt. D a v o n im Wesentlichen hat das Christentum zu sprechen, darin liegt seine Offenbarung, dadurch allein vertieft sich sein Blick auf die Menschen im Untergrund der oberflächlichen Bewertungen nach Gut und Böse auf der Ebene von Ethik und Jurisprudenz…Ein solcher Perspektivwechsel ist total; er ändert nicht den Inhalt, doch die Richtung der gesamten Religion. Sie…dient der Heilung jener Krankheit, die das Dasein ohne Gott, im Feld radikaler Gnadenlosigkeit der Welt, sein muss. "[46]

Hier wird man allerdings sehr behutsam sein müssen: Wir erleben heute vielfach, dass Menschen durch ihr Tun, ihr

---

[46] Eugen Drewermann „Das Wichtigste im Leben", Ostfildern 2015, S. 50 (ursprünglich aus Eugen Drewermann „Wendepunkte", Ostfildern 2014, S. 19)

Verhalten sich absolut n i c h t im „Feld radikaler Gnadenlosigkeit" befinden, ohne dass sie selber sich zur Kirche zugehörig fühlen. Ob uns hier nicht der Heilige Geist einen Impuls gibt, im Dialog mit gerade diesen Menschen herauszufinden, wie weit SEINE Zuwendung, SEIN Gnadenwirken reichen? Ob hier nicht Größe und Weite der ‚Gestalt' von Kirche erkennbar wird, wie sie Gottes Heiliger Geist schon wirkt?

Abschließen möchte ich meine Überlegungen mit einem Gebet von *Karl Rahner,* mit dem er eine Meditation über den Glauben beschließt. Rahner spricht auch von der menschlichen Existenz, von unseren „Abgründen", von selbstgeschaffenen, eigenen „Götzen", vor denen wir schließlich und endlich „versteinern". Er spricht vor allem davon, dass Gottes „Unermesslichkeit die grenzenlose Weite unseres Lebens" ist. Darum kann uns nie etwas Endliches wirklich ausfüllen und endgültig zufriedenstellen. Nur darum ist – wie Augustinus es ausdrückt – „unser Herz unruhig, bis es ruhet in DIR". Weil Gott SICH SELBER uns schenkt, weil er uns „unmittelbar" zu IHM gemacht hat, weil diese Wirklichkeit uns im Mann aus Nazareth unwiderruflich verheißen und greifbar erschienen ist, darum sind wir im Glauben frei – frei von Ängsten, Sorgen und Nöten.

„Gott, ewiges Geheimnis unseres Daseins, du hast uns befreit, indem deine eigene Unermesslichkeit die grenzenlose Weite unseres Lebens geworden ist. Du hast uns geborgen, indem du uns alles außer deiner eigenen Grenzenlosigkeit zu Vorläufigkeiten gemacht hast. Du hast uns unmittelbar zu dir gemacht, indem du uns alle Götzen

47

immer wieder zerstörst in uns und um uns herum, die wir anbeten wollen, an denen wir aber dann selbst versteinern. Weil du allein unser endloses Ende bist, darum haben wir eine unendliche Bewegung der Hoffnung vor uns. Wenn wir wirklich und ganz an dich glaubten als an den, der sich uns gegeben hat, dann wären wir wirklich frei. Du hast uns diesen Sieg verheißen, weil Jesus von Nazareth ihn im Tod errungen hat für sich und seine Brüder, indem er auch im Tod der Verlassenheit nochmals dich als Vater fand. In ihm, Jesus von Nazareth, dem Gekreuzigten und Auferstandenen, sind wir gewiss, dass weder Ideen noch Mächte und Gewalten, weder die Last der Tradition noch die Utopie unserer Zukünfte, weder die Götter der Vernunft noch die Götter unserer eigenen Abgründe, noch überhaupt etwas in uns und um uns uns trennen wird von d e r Liebe, in der der unsagbare Gott in seiner alles umfassenden Freiheit sich selbst uns gegeben hat in Jesus Christus unserem Herrn. Amen. [47]

Und auch hier gilt der Umkehrschluss: Wo wir in unserem Leben Menschen erleben, die einfach gut sind, die gleichsam implizit oder anonym all das praktizieren, was wir in kirchlicher Sprache als Glaube, Hoffnung und Liebe bezeichnen, wo also Menschen so frei (geworden) sind, dass wir an ihnen ablesen können, was unser Glaube meint und bezeugt – da ist Gott mit seiner Gnade „immer schon" am Werk, da sprengt er jede– auch institutionelle - Enge und Kleingläubigkeit. Da stiftet er Hoffnung auf ein „Leben in Fülle".

---

[47] Karl Rahner „Gebete des Lebens", Freiburg-Basel-Wien 1984 (Neuausgabe 1993), S. 108f

Was geht meine Arbeit die Kirche an?[48] **Oder: Was hat fachliche Arbeit mit kirchlichem Engagement zu tun?**

I.

Es gibt eine *Einheit und Unterschiedenheit von Sozialarbeit und christlichem Glaube.* Worin sie bestehen – darum soll es in den folgenden Ausführungen gehen.

Papst Johannes Paul II. nannte die „Caritas das der Welt zugewandte Gesicht der Kirche". Doch dieses „Gesicht" schaut auch nach innen: Eine Kirche ohne Caritas ist keine Kirche, sie ist und bleibt ein Torso. Das ist zunächst eine Behauptung, deren Begründung einsichtig(er) wird, wenn wir uns den folgenden beiden Fragen näher zuwenden:

Was hat fachliche Arbeit mit kirchlichem Engagement zu tun?
Welchen Zusammenhang gibt es da? Gibt es überhaupt einen Zusammenhang?

Es scheint mir zu einfach, wenn man darauf abhebt: „*Ja, die Caritas ist doch ein kirchlicher Träger, darum hat sie auch etwas mit der Kirche zu tun. Das ist doch selbstverständlich.*"

---

[48] Die Überschrift ist angelehnt an den Titel einer Schrift von Hans Urs von Balthasar „Was geht mein Glaube die Kirche an?" Leipzig 1981

Genau darum geht es, diese Selbst-Verständlichkeit zu hinterfragen. Ganz abgesehen davon, dass dieses Selbstverständnis nicht so unangefochten ist, wie es vielleicht den Anschein hat. Durchaus gibt es die Meinung in der Gesellschaft, die Kirche möge sich doch bitte um Ritus und Kult kümmern, und – frei nach dem Sprichwort: „Schuster, bleib' bei deinem Leisten" – sich ansonsten aus dem gesellschaftlichen Alltag heraushalten. Nicht von ungefähr wird dann auf die strikte Einhaltung der Trennung von Staat und Kirche gepocht – wenn es die (Eigen) Interessen erfordern oder es ihnen nützt.

In sämtlichen Diktaturen kann man die Zurückdrängung und Beschränkung der Kirche auf ihren so genannten ‚Eigenbereich' feststellen: „Kirche und Staat regeln ihre Angelegenheiten selbst" – Dieser Slogan wird aber auch oft in demokratischen Gesellschaften propagiert, wenn es darum geht, sich unliebsame Kritiker „vom Halse zu schaffen." Und innerkirchlich ist es auch nicht immer populär, sich einzumischen, an die „Option der Armen" zu erinnern und Missstände anzuprangern. Es lebt sich behaglich(er), wenn man abwartet, *„bis alle Stürm'* *vorübergeh'n"*, wie es in einem bekannten Marienlied heißt. Und wenn *„das Haus voll Glorie schauet, weit* *über alle Land"* wirklich *„gar herrlich bekränzet ist mit* *starker Türme Wehr"* – wozu soll man sich dann nach ‚draußen' begeben? Dort, wo es unsicher, rau und mitunter unfreundlich ist.

Doch wir können uns der Weisheit des gläubigen Volkes unbedenklich und vertrauensvoll öffnen, wenn wir heute

nicht so sehr die „*starken Türme*" preisen, sondern
aufmerksam machen auf „*Gottes Zelt auf Erden*".[49]

II.

Um die Kirchlichkeit der Caritas in einem ersten Anlauf
in den Blick zu bekommen, gestatten Sie mir an dieser
Stelle zunächst einen kleinen Rückblick.[50] Dabei kann
ich auf Grund meiner Biografie ‚nur' auf die Arbeit der
Caritas in Mecklenburg in den letzten 30 Jahren Bezug
nehmen.

Zunächst wird man sagen müssen, dass es viele Vorgänge
in Kirche, Caritas und Gesellschaft gab, die den
Prozessen in heutiger Zeit nicht unähnlich sind. Denn
auch in den letzten Jahrzehnten gab es viele Umbrüche,
bisweilen auch Abbrüche.

In der Caritas Mecklenburg e. V. gab es relativ rasch nach
der ‚Wende' 1989/90 rechtlich unselbstständige
Kreisverbände, zuerst 6, am Ende des Prozesses der
Neustrukturierung waren es 3 Kreisverbände in den
Regionen Westmecklenburg, Rostock-Güstrow und Neu-
brandenburg-Neustrelitz.

Der juristisch einzige Rechtsträger in Mecklenburg war
die Caritas Mecklenburg e. V.

---

[49] Katholisches Gotteslob Nr. 478, Strophe 4

[50] Die folgenden Ausführungen werden auch Kürze, in etwas
veränderter Form in der Zeitschrift „Neue Caritas" erscheinen,
voraussichtlich unter dem Titel „*Von der Caritas im Osten zu
einem starken Verband im Norden*"

Sie ging aus der Caritas Mecklenburg als Verband hervor und wurde Anfang der 90iger Jahres gegründet. Und mit ihr – in rascher Folge – die o.g. – rechtlich – nicht-selbstständigen Untergliederungen, um vor Ort im Wesentlichen zwei Ziele umzusetzen:

1. Die Einheit von Pastoral und Caritas, d. h. das Miteinander verbandlicher Caritas vor Ort mit Pfarreien und Gemeinden, sollte möglichst erhalten bleiben bzw. ausgebaut werden. Hierbei ging es sowohl um die Förderung des Ehrenamtes, des freiwilligen Engagements in den Gemeinden und caritativen Diensten und somit auch um die Stärkung des diakonalen Grundvollzuges kirchlichen Lebens.

2. Nicht weniger wichtig war (und ist!) für Kirche und Caritas die Verwurzelung der Caritas im öffentlichen Gemeinwesen. Diese Aufgabe war für die Kirche mit ihrer Caritas im ‚Osten‘ neu und spannend. War die Kirche unter dem DDR – Regime fast ausschließlich zwangsweise auf eine kirchliche ‚Binnenperspektive‘ festgelegt – was sich unter anderem im Berufsbild des „Fürsorgers im kirchlichen Dienst" ausprägte, die als Deka-natsfürsorger Ansprechpartner für Gemein-den in sozialen Belangen waren – so konnte die Caritas jetzt ohne Einschränkung von außen mitwirken am Aufbau sozialer Dienste und Einrichtungen.
    Die oft vorhandenen, inoffiziellen Beziehungen vor Ort zu Nervenkliniken oder zu Ärzten, Psychologen und sozialen Einrichtungen zu DDR-Zeiten

spielten eine nicht unerhebliche Rolle bei der Neugestaltung des Sozialwesens im Bereich der ehemaligen DDR.[51]

Ein kleiner Hinweis sei noch auf die konkrete Arbeitsweise gegeben: In der Caritas Mecklenburg e. V. arbeiteten die rechtlich nicht selbstständigen Kreisverbände de facto wie rechtlich selbstständige e.V. D. h. es gab:

Einen Vorstand mit Satzung, an dessen Spitze ein Pfarrer als Vorsitzender stand, der eng mit dem Kreisgeschäftsführer zusammenarbeitete.
Es gab regelmäßige Vorstandssitzungen und Mitgliederversammlungen mit Rechenschaftslegung und Abstimmung über soziales Engagement vor Ort.
Auch dies war sowohl nach innen als auch nach außen gerichtet, denn die Interessenswahrnehmung im politischen Gemeinwesen – Stichworte sind das Einwerben von Fördermitteln oder Mitarbeit in Gremien - setzte und setzt zwingend eine entsprechende Organisationsstruktur voraus. Auch um bei Kostenträgern und Sozialpartnern überhaupt ernst genommen zu werden.

---

[51]Ganz nebenbei eine kleine, fast anekdotenhaft anmutende ‚Story‘, warum die „kirchlichen Fürsorger" sich nicht Sozialarbeiter oder Sozialpädagogen nennen durften: Die Beseitigung der antagonistischen Klassengegensätze in der DDR – so die offizielle Ideologie der herrschenden Staatspartei – hat die soziale Frage ein für allemal erledigt. D. h. wenn es in der „entwickelten sozialistischen Gesellschaft" keine soziale Frage mehr gibt, dann kann es auch keine Sozialarbeiter geben.

Kreisgeschäftsführer nahmen die Vertretung der Caritas vor Ort wahr, d. h. in den unterschiedlichen Gebietskörperschaften, sowie die Dienst - und Fachaufsicht im ambulanten und stationären Bereich.

Rückblickend wird man auch sagen müssen: Insbesondere die Förderung und Unterstützung der ehrenamtlich – Tätigen in den Gemeinden war und ist ohne die Caritasarbeit vor Ort nicht denkbar (gewesen). Hier lag und liegt in besonderer Weise die Verantwortung der vor Ort leitenden Mitarbeiterinnen und Mitarbeiter des Verbandes.

I.

Beim Blick auf die derzeitige Situation der Caritas im Erzbistum Hamburg kommen wir an einer (bitteren) Erkenntnis nicht vorbei: Man kann es beklagen oder sich enttäuscht zurückziehen, am Sachverhalt innerhalb unserer Kirche ändert das nichts: Früher gab es regelmäßige Zusammenkünfte vor Ort, wie z.B. die Dekanatspastoral-Konferenzen. Weil es dies heute so nicht mehr nicht gibt, muss die Frage zwingend beantwortet werden: Was tritt an deren Stelle?

Ganz entscheidend hierbei ist zunächst die Beachtung und vor allem die Umsetzung des Subsidiaritätsprinzips. Denn in den pastoralen Räumen und in den – jetzt wesentlich größeren – Pfarreien, wird es aus vielerlei Gründen auf die Netzwerkarbeit vor Ort ankommen. Ein wesentlicher Grund – vielleicht der wichtigste – ist das Sich-in-den-Blick-Nehmen und sich im Blick-Behalten. Unschwer ableiten lässt sich daraus:

Gemeinsam mit den Verantwortlichen in den Regionen des Verbandes, mit engagierten haupt- und ehrenamtlichen Mitarbeiterinnen und Mitarbeitern sowie insbesondere auch mit den Ortsgeistlichen zu schauen, wo gegenseitige Information, Hilfe und Unterstützung sinnvoll, notwendig und geboten ist.

Nur vor Ort kann g e m e i n s a m herausgefunden werden, was sinnvoll und machbar und was auch nicht umsetzbar ist.

Dabei ist heraus zu arbeiten, dass Kirche mit ihrer Caritas im Gemeinwesen verortet ist bzw. bleibt, ohne dass daraus der Schluss gezogen wird: Ohne uns ‚läuft ja eh‘ nichts.‘ D. h. nämlich auch, dass es den Mut zur Beschränkung geben darf, ja geben muss! Konkret: Vieles, was getan werden muss, kann und muss beispielsweise nicht von der Caritas geleistet werden, wenn andere Träger diese Dienstleistungen in guter Qualität anbieten.

Dies ist eine pastoralstrategische Ausrichtung, denn hierin liegt auch eine große ‚Entlastung‘, die einem weit verbreiteten Gefühl – nicht nur in kirchlichen Gemeinden – entgegenwirken kann. Es kann vielleicht so beschrieben werden: „Auf immer weniger Menschen kommen immer mehr Aufgaben. Es sind immer dieselben Menschen, die sich zur Verfügung stellen. Und auch diejenigen werden immer älter und sind z. T. schon selber hilfebedürftig“.

Man sollte wirklich mit „allen Menschen guten Willens“ eng zusammenarbeiten, denn auch dort, wo die Caritas ihre Hilfen anbietet, sollten immer auch Brücken zu

Anderen eröffnet werden, um Teilhabe umfassend zu ermöglichen:

Die Arbeit in Trägerverbünden,

in Mehrgenerationenhäusern,

bei der Migration oder in

Schulwerkstätten und Integrationshilfen,

in Beiräten und Arbeitsgemeinschaften illustrieren beispielhaft das erforderliche Zu – und Miteinander in sozialen Hilfeprozessen und im gesellschaftlichen Diskurs. Jeder kann etwas einbringen und niemand vermag alles. Dieser Grundsatz ist wichtig im Zusammenwirken der sozialen Dienstleister.

Dieser Grundsatz zeigt sich insbesondere auch in der Gremienarbeit, in Ausschüssen, in Ligen der Wohlfahrtspflege und in der politischen Lobby- und Öffentlichkeitsarbeit. Hier ist das Zusammenwirken schon deshalb von hohem Eigeninteresse, weil bei Entgeltverhandlungen mit Kostenträgern – und zwar auf allen Ebenen – gilt, dass abgestimmte Positionen – insbesondere in Grundsatzfragen – es allemal leichter machen, ein vernünftiges Verhandlungsziel zu erreichen als Sologänge, frei nach dem Motto: „Ich werde schon das Beste für uns herausholen."

Für den Bereich Kirche und Caritas empfiehlt es sich, sich regelmäßig zu treffen in sogenannten Pastoralrunden. Bewährt haben sich Gesprächskreise mit den Ortsgeistlichen, den vor Ort verantwortlichen Caritasleiterinnen – und Leitern. Die gemeinsame Feier der Eucharistie, das Sich-Gegenseitig-Zeit-Nehmen sowie ein gutes Essen, bilden oft den Rahmen für ein gedeihliches Miteinander aus christ-katholischem Lebensvollzug heraus. Das muss nicht inflationär geschehen – oft reicht es aus, wenn man sich im Frühjahr und im Herbst eines Jahres zusammensetzt.

Besonders hilfreich scheint mir auch die Arbeit in den Gremien – Gemeinsamer Ausschuss und Lenkungsgruppe – der pastoralen Räume zu sein. Ebenso in den Gemeindeteams und dem Pfarrpastoralrat der Pfarreien. Hier sollten die so genannten „Orte kirchlichen Lebens" ihren angestammten Platz haben – und ihn auch wahrnehmen! Darüber immer wieder in' s Gespräch zu kommen, ist u.a. Sache und Aufgabe der neu geschaffenen Stelle der Caritaspastoral im Caritasverband.

Wichtig scheint mir auch die Förderung der Vernetzung vor Ort in anderen Bereichen zu sein, beispielsweise im Interreligiösen Dialog und in Gesprächskreisen, in denen Mitarbeiter der Caritas und Gemeindemitglieder versuchen, Leben und Glauben in' s Wort zu bringen.

Die Mitarbeit am Pastoralkonzept scheint eine weitere entscheidende Aufgabe zu sein, mitzuwirken bei dessen Umsetzung in den Pfarreien und die entsprechende Evaluation der Konzepte – d. h. zu prüfen und – wenn nötig, nach zu justieren – ob und in welchem Umfang die Zielstellungen des jeweiligen Pastoralkonzeptes umgesetzt werden, ist ein weiterer Schwerpunkt in der Tätigkeit der Caritaspastoral.

Und auch hier (vor allem!) gilt: Nur gemeinsam mit den Verantwortlichen in gemeindlicher Pastoral und verbandlicher Caritas vor Ort kann dies gelingen, denn es gibt weder ein ,Patentrezept' noch gibt es Vorgaben, die einfach zu übernehmen sind. Was vor Ort machbar ist, kann, darf und muss auch vor Ort entschieden werden!

Dabei gilt es – und hier sehe ich eine weitere Aufgabe der Caritaspastoral – zu beachten: Wir sind im Erzbistum Hamburg *ein* Verband in *einem* Bistum. Gerade angesichts der überbordenden Säkularisierung sollte möglichst alles dafür getan werden, dass einer Zersplitterung der Kräfte gewehrt wird. Es ist nicht so, dass überall dasselbe umgesetzt werden kann. Dafür sind die Bedingungen vor Ort und die geschichtlichen Entwicklungen zu verschieden. Aber genau darum muss möglichst alles getan werden, dass Kirche und Caritas so einheitlich wie möglich auftreten. Corporate Identity hat in dieser Situation durchaus eine pastorale Dimension: Menschen müssen wissen, woran sie mit Kirche und ihrer Caritas sind. Das erfordert, dass wir identifizierbar, klar erkennbar sind und bleiben.

II.

Es bleibt noch die Aufgabe, dem Satz weiter nachzu-
sinnen: *„Eine Kirche ohne Caritas ist keine Kirche, sie
bleibt ein Torso".* Dieser These muss eine Begründung
folgen, soll sie nicht als Behauptung unvermittelt
bestehen bleiben. Dabei stellt sich inhaltlich eine Frage,
deren Brisanz – gerade auch heute – nicht unterschätzt
werden darf:
Was ist überhaupt das Eigentliche des Glaubens?
Und ein Zweites: Bei aller Wertschätzung des Sozialen
und bei allem guten Willen: Wird nicht die Kirche rasch
‚eigeebnet' auf rein menschlich – humanes Handeln?
Besteht nicht zumindest diese Gefahr?
Hinter diesen Fragen stehen ernste Sorgen, die man
weder verdrängen noch kleinreden darf.

Wichtig scheint mir bei meinem Antwortversuch der
Blick auf *die Sendung der Kirche* zu sein: In der Konzils-
konstitution „Gaudium et Spes" wird Kirche als „Sakrament des Heils" beschrieben – d. h. als ein wirksames
Zeichen, und zwar in der Welt und für die Welt!

Was damit gemeint ist? Jedenfalls das Gegenteil von
irgendwelchen eifernden und intoleranten, ideologischen
Bekehrungsversuchen! Wurde zuerst gesagt, wie wichtig
es ist, dass man wirklich mit „allen Menschen guten
Willens" zusammenarbeitet, so möchte ich diesen Satz
hier um eine Nuance erweitern: Man sollte wirklich *mit
gutem Gewissen* mit „allen Menschen guten Willens"[52]

---

[52] Gemeint ist damit, dass solch eine Aussage auch vor dem
dogmatischen Selbstverständnis unseres christ-katholischen

zusammenarbeiten! Denn es ist doch so, man wird dies immer wieder betonen müssen:

Wo und wenn wir in unserem Leben Menschen erleben,

die einfach gut sind, die gleichsam implizit oder anonym all das praktizieren, was wir in kirchlicher Sprache als Glaube, Hoffnung und Liebe bezeichnen,

wo Menschen so frei (geworden) sind, dass wir an ihnen ablesen können, was unser Glaube meint und bezeugt – da ist Gott mit seiner Gnade „immer schon" am Werk, da sprengt er jede – auch institutionelle – Enge und Kleingläubigkeit. Denn es gibt nichts Gutes, an dem Gott nicht beteiligt wäre![53]

Und wo Gott wirkt, ist immer auch eine Beziehung zu Christus gegeben, übrigens auch, wo dieses Bewusstsein nicht oder rudimentär vorhanden ist.
Eine – implizit oder anonym vorhandene – Christus-beziehung hat immer auch eine Hin – und Zuordnung zu dem, was Kirche heißt, denn es wäre eine krasse Fehlinterpretation,

---

Glaubens in „intellektueller Redlichkeit" bestehen kann.
[53] Sonst könnte der Mensch – ohne Gott, also ‚autonom' – etwas wirken, was grundsätzlich nicht möglich ist! Denn Gott ermächtigt freiheitliches Handeln, er schafft keine Marionetten, doch es wäre angemaßte, sündhafte Hybris, wenn der Mensch deshalb meinen würde, in seinem Freiheitsvollzug sei er von Gott unabhängig.

„fasste man die überall wirksame Gnade als eine isoliert in sich ruhende Größe auf. Sie drängt im Gegenteil von sich aus auf ihre kirchliche Gestaltwerdung hin"[54]

Lassen Sie mich schließen mit zwei Gedanken des Konzilstheologen Karl Rahner. Sie können etwas deutlich machen von der Größe und Tiefe des Gnadenhandelns Gottes. Sie beschreiben die Einheit und die Unterschiedlichkeit von sozialem Tun und Glauben. Und sie können Mut machen, auch und gerade für einen „Glauben in winterlicher Zeit"[55]:

„Wir haben zuerst und zuletzt dem Menschen von heute vom innersten, seligen, befreienden, aus Angst und Selbstentfremdung erlösenden Geheimnis seines Daseins zu künden, das wir ‚Gott' nennen...Wo der Mensch die Erfahrung Gottes und seines aus der tiefsten Lebensangst und der Schuld befreienden Geistes auch anfanghaft nicht gemacht hat, brauchen wir ihm die sittlichen Normen des Christentums nicht zu verkündigen. Er könnte sie ja doch nicht verstehen..."[56]

„Schon mancher ist Jesus Christus begegnet, der nicht wusste, dass er denjenigen ergriff, in dessen Tod und Leben er hineinstürzte als in sein seliges, erlöstes Geschick...Gott und Christi Gnade sind anwesend als geheime Essenz aller wählbaren Wirklichkeiten, und

54- Nikolaus Schwerdtfeger „Gnade und Welt", Freiburg-Basel-Wien 1982, S. 33
55 Buchtitel von Karl Rahner
56 Karl Rahner „Strukturwandel der Kirche als Aufgabe und Chance", Freiburg-Basel-Wien 1972, S. 72

darum ist es nicht so leicht, nach etwas liebend zu greifen, ohne mit Gott und Jesus Christus ...zu tun zu bekommen. Wer...seine Menschheit annimmt, in schweigender Geduld, besser in Glaube, Hoffnung und Liebe... als das Geheimnis, das sich in das Geheimnis ewiger Liebe birgt...der sagt, auch wenn er es nicht weiß, zu Jesus Christus ja...Wer sein Menschsein ganz annimmt...der hat den Menschensohn angenommen, weil in ihm Gott den Menschen angenommen hat. "[57]

---

[57] Karl Rahner „Bekenntnis zu Jesus Christus", Freiburg-Basel-Wien 2014, S. 37-39

Caritaspastoral[58] - ein Interview

A.: Lieber Rudi, seit Anfang Juli bist Du als Referent für Caritaspastoral im Verband tätig. Ganz ehrlich, so richtig kann ich mir darunter nichts vorstellen. Und ich denke, mir geht es nicht alleine so. Kannst Du kurz etwas zu Dir und zu Deiner neuen Aufgabe sagen?

R.: Ja, gern, lieber Achim. Ich bin 1958 in Hagenow geboren, bin also ein „waschechter Ossi", verheiratet und habe 4 Kinder und mittlerweile auch 4 Enkelkinder. Als „Fürsorger im kirchlichen Dienst" (Die DDR hatte für Sozialpädagogen keinen Platz, weil die soziale Frage im „real existierenden Sozialismus" ein – für allemal erledigt war und nur noch den imperialistischen ‚Westen' betraf) und dann als diplomierter Sozialarbeiter/Sozialpädagoge war ich viele Jahre als Geschäftsführer des Kreisverbandes Westmecklenburg der Caritas Mecklenburg e. V. tätig. Nach der Fusion der 3 Landescaritasverbände Hamburg, Mecklenburg und Schleswig-Holstein zum Caritasverband für das Erzbistum Hamburg e. V. im Jahr 2018 leitete ich bis Ende Juni 2019 als Regionalleiter die Caritas – Region Schwerin. Neben dieser Tätigkeit war bzw. bin ich als Moderator an der Entwicklung pastoraler Räume im Erzbistum Hamburg beteiligt.

Ich wurde vom Vorstand des Verbandes auf die neu eingerichtete Stelle *Referent für Caritaspastoral* berufen, die ich seit dem 01. Juli 2019 innehabe. (https://www.caritas-im-norden.de/caritaspastoral)

---

[58] Dieser Text ist leicht abgewandelt auch im Internet zu finden auf der Seite Caritaspastoral des Caritasverbandes für das Erzbistum Hamburg e. V.
https://www.caritas-im-norden.de/caritaspastoral

Wesentliche Aufgabe der Caritaspastoral ist die Förderung und Entwicklung von Spiritualität und christlicher Verbandskultur in der Caritas im Norden. Außerdem gehört es zu meinen Aufgaben, mitzuhelfen, eine stärkere Vernetzung von Gemeinden und Orten kirchlichen Lebens zu fördern und Menschen spirituell zu begleiten. Meine theologischen Überlegungen beziehen sich vorrangig auf das II. Vatikanische Konzil und vor allem auf die Theologie Karl Rahners,[59] dessen Impulse ich für eine zeitgemäße Caritas – Theologie für unverzichtbar halte. [60]

A.: Rudi, mir wird ja ganz schwindlig vor lauter Theologie. Warum legst Du denn darauf solch einen großen Wert? Das verstehe ich nicht so ganz. Ich kann doch eine gute Krankenschwester, ein guter Sozialarbeiter sein, ohne dass ich immer ‚in die Kirche renne'.

---

[59] Rudolf Hubert „Im Geheimnis leben" – Zum Wagnis des Glaubens in der Spur Karl Rahners ermutigen, Würzburg 2013
Rudolf Hubert „Wo alle anderen Sterne verlöschen", Würzburg 2018
Rudolf Hubert/ Roman A. Siebenrock „Universales Sakrament des Heils" – Theologische Orientierungen für den Weg der Kirche im 21. Jahrhundert im Ausgang von Karl Rahner und im Blick auf zentrale Anliegen Hans Urs von Balthasars – Zeitschrift für katholische Theologie (ZKTh) 134. Band/ 2012/ Heft 3, S. 324-343
Vgl. auch diverse Bücher im Adlerstein-Verlag Wiesmoor – siehe Homepage www.adlerstein-verlag.de

[60] Über die Theologie Karl Rahners habe ich intensiv viele Jahre gearbeitet. Darüber schrieb Prof. Dr. Roman Siebenrock aus Innsbruck: „Als Schüler in der ehemaligen DDR ist er auf das Büchlein von Karl Rahner gestoßen: „Von der Not und dem Segen des Gebetes". Mit diesem Büchlein konnte er spirituell und intellektuell in der damaligen Situation Boden gewinnen. Seine anhaltende Beschäftigung und vertiefende Auslegung des Werkes Karl Rahners hat er in der umfassenden Studie zusammengefasst: *Im Geheimnis leben. Zum Wagnis des Glaubens in der Spur Karl Rahners ermutigen*. Würzburg: Echter 2013. Dieses Werk kann als vertiefende Auslegung ebenso empfohlen werden, wie als mystagogische Anleitung zur eigenen Glaubensfindung bzw. Glaubensvertiefung."

R.: Lieber Achim, vielleicht spielt da meine eigene Biografie tatsächlich eine ziemlich große Rolle. Ich komme ja aus einer Zeit, in der über Jahrzehnte Kirche lächerlich gemacht und bekämpft wurde. Später – und das scheint auch heute vielfach der Fall zu sein - wurde Kirche gesellschaftlich zunehmend irrelevant. Sie kam bzw. sie kommt häufig nicht wirklich mehr vor in der gelebten und medialen Wirklichkeit. Allerhöchstens sehr skurril und beschämend. Stichworte seien hier der Missbrauchsskandal, die Frauenfrage oder Machtfragen, die die Botschaft Jesu entstellen. Doch nun direkt zu Deiner Frage. Ich kann es eigentlich nicht anders sagen als im Aufsatz aus dem Jahr 2012, weil die Aussagen, die dort über die Kirche gemacht wurden, in analoger Weise für die Caritas gelten:

„Eine geschwisterliche Kirche wird die Nöte, Fragen, Sorgen und Hoffnungen der Zeit teilen und so erkennbar bleiben. Diese „Zeitgenossenschaft" ist Ausdruck tätiger Nächstenliebe, die auch die Feindesliebe beinhaltet. In einer globalisierten Welt kennt die Liebe zum Nächsten auch keine Grenzen mehr, die durch Staaten oder Entfernungen errichtet werden..." [61]

---

[61] ZKTh, Würzburg 2012, Heft 3- „Universales Sakrament des Heils" (R. Hubert, R. A. Siebenrock), S.324-343, bes. S.339ff) – Vgl. auch "Die Verkündigung des Evangeliums in den nichtchristlichen Ländern begann in der Neuzeit immer mit Werken der Liebe: der Gründung von Schulen und Spitälern, der Entwicklungshilfe und der Betreuung von Flüchtlingen, und dann und eindeutig erst in zweiter Linie folgt die Verkündigung des Gotteswortes. Die gleiche Vorgehensweise sollte auch für unsere ehemals christlichen Länder gelten. Der diakonische Einsatz muss auch hier der Predigt vom Gott der Liebe den Weg bereiten...Diese Werke werden heute bei uns anders aussehen müssen als früher...auch in diesen staatlichen sozialen Netzen gibt es immer noch allzu viele Lücken, durch die gerade die Unglücklichsten durchfallen...Die neue Evangelisierung wird von tätiger Liebe und

Eugen Drewermann sagt es in ziemlich drastischen Worten:

„Wie nötig wäre Religion! Wer, wenn nicht sie, könnte den Menschen sagen, dass sie mehr sind als Übergangsgebilde im Stoffwechselhaushalt der Natur."[62]

Ich gehe noch einen Schritt weiter: Die Caritas hat in steigendem Maße auch eine gesellschaftspolitische Aufgabe,nämlich denjenigen Menschen eine Stimme zu geben, deren Stimme schwach oder verstummt ist. Ich denke hier nicht zuletzt an Menschen mit Migrationshintergrund,an Flüchtlinge, denen das Mittelmeer zur Todesfalle wird. Ich denke an die vielen Ausgegrenzten, an die Einsamen, Unverstandenen, an Menschen, die es im Leben mit sich und anderen schwer haben. Ich denke besonders auch daran, dass es gut ist, zu helfen wie es in Jesu Parabel der barmherzige Samariter getan hat. Das ist der eine Aspekt.

Der andere Aspekt macht auf folgenden Umstand aufmerksam: Vielleicht wäre es, um im Bild zu bleiben – neben der unmittelbaren Hilfe - nachhaltiger, dafür zu sorgen, dass die Straße so sicher ist, dass erst gar keiner unter die Räuber fallen kann. Im Klartext: Wenn Politiker heute davon reden, die Flüchtlingsursachen zu bekämpfen, dann muss Kirche, dann muss Caritas auch deutlich sagen: „Schluss mit dem neoliberalistischen Raubtier-

---

liebendem Verständnis getragen sein, oder sie wird nicht sein."
(Peter Henrici, "Blick auf die neue Evangelisierung" in "Eine Theologie für das 21. Jahrhundert - Zur Wirkungsgeschichte Hans Urs von Balthasars", Einsiedeln, Freiburg, 2014, S. 22f)
[62] Eugen Drewermann „Wendepunkte", Ostfildern, 2014, S. 9

kapitalismus, der mit dafür sorgt, dass ganze Kontinente verelenden."

Was das mit Religion zu tun hat? Hans Urs von Balthasar sagt es so:

„Nur wo Gott Person ist, wird der Mensch als Person ernstgenommen...Mit dieser Einsicht ist die biblische Religion...in die Geschichte eingetreten. Sie droht überall wieder dort zu versinken, wo Gott nicht mehr personal als die freie Liebe verstanden wird... Man kann sich einbilden, für die Menschenwürde eintreten zu können, ohne an Gottes Person zu glauben...Die Logik der Geschichte wird die so verabsolutierten Personen doch wieder existentialistisch oder kollektivistisch nivellieren. Zu Futter für Kanonen und Experimente, zu Dünger für die Evolution."[63]

A.: Ja, Rudi, das klingt alles irgendwie vernünftig, aber was machst du denn nun konkret?

R.: Lieber Achim, wichtig sind mir vor allem die menschlichen Kontakte. Sie zu knüpfen, zu festigen und auszubauen, darin sehe ich einen wesentlichen Teil meiner Arbeit. Zusammen mit den Regionalleitungen der Caritas vor Ort, den Ortsgeistlichen, den hauptamtlichen und ehrenamtlichen Mitarbeitenden und all jenen, die in den Pfarreien und pastoralen Räumen eine Konzeptstelle für diakonische Pastoral innehaben, möchte ich erkunden,

---

[63] Hans Urs von Balthasar „Klarstellungen", Freiburg-Basel-Wien 1971, S. 38 f

wie die Zusammenarbeit verbessert werden kann. Da bin ich zunächst und vorrangig „Hörer des Wortes"[64].

Dabei ist mir wichtig, zu betonen: Ich habe kein Patentrezept. Nur vor Ort kann am besten herausgefunden werden, was geht – und was auch nicht geht. Ich denke, wir müssen die Stärken stärken und die Schwächen schwächen. Sonst arbeitet man sich unnütz ab und vergeudet Zeit, Kraft und wertvolle Ressourcen. Unser Erzbischof spricht immer wieder von einer „gabenorientierten Pastoral". Das sehe ich genauso: Jeder Mensch, wirklich jeder Mensch, hat von Gott Gaben erhalten, um dem Gemeinwohl zu dienen. Keiner kann alles und niemand vermag überhaupt nichts. Bei all diesen Bemühungen ist mir auch die Zusammenarbeit mit den Abteilungen und dem Vorstand des Verbandes wichtig, denn wir sind <u>ein</u> Verband im Erzbistum Hamburg. Daraus folgt auch, dass die Subsidiarität, von der wir sprachen, die legitime Unterschiede als Bereicherung wertschätzt und nicht nivelliert, ergänzt wird durch die Solidarität aller Glieder des Volkes Gottes.

Wichtig ist mir zudem die spirituelle Begleitung der Orte kirchlichen Lebens und auch der Gemeindemitglieder, besonders jene, die sich caritativ engagieren. Dabei sollten möglichst wenig Berührungsängste zum Tragen kommen, denn Gottes Heil gilt allen Menschen. Karl Rahner sagt es so:

„Wir sollten Ausschau halten nach den ‚christlichen Heiden', d. h. nach den Menschen, die Gott nahe sind, ohne dass sie es wissen, denen aber das Licht verdeckt ist durch den Schatten, den wir werfen. Vom Aufgang und

---

[64] Buchtitel von Karl Rahner

Niedergang ziehen Menschen ins Gottesreich auf Straßen, die in keiner amtlichen Karte verzeichnet sind. Wenn wir ihnen begegnen, sollten sie an uns merken können, dass die amtlichen Wege, auf denen wir ziehen, die sicheren und kürzeren sind."[65]

Weihbischof Schwerdtfeger aus Hildesheim stimmt dem ausdrücklich in seiner lesenswerten Arbeit „Gnade und Welt" zu:

„Es schadet nichts, wenn der Christ sich scheinbar kaum von einem nüchtern-tapferen Menschen unterscheidet, der das Leben liebt, ohne sich über es Illusionen zu machen. Denn wenn ein solcher diese illusionslose Liebe zur Welt bis zum bitteren Ende durchträgt und bewahrt, dann ist das Gnade Gottes und er selbst in der Gnade Gottes ein „anonymer Christ".[66]

A.: Für mich, lieber Rudi, schließen sich da noch zwei Fragen an. Erstens: Wenn der Christ sich scheinbar nicht unterscheidet von einem „nüchtern-tapferen Menschen", was ist dann das eigentlich Christliche an unserem Tun, in unserem Verband? Und – damit zusammenhängend – ich erlebe neben vielem Schönen oft auch eine Überforderung, ja ein Ausgebranntsein von Menschen im sozialen Bereich? Sie erleben sich doch oft wie Sisyphus. Wie kann Glaube da Lebenshilfe sein?

---

[65] Karl Rahner „Glaube, der die Erde liebt", Freiburg-Basel-Wien, 1966, S.104; SW 10, S.653
[66] Nikolaus Schwerdtfeger "Gnade und Welt", Freiburg-Basel-Wien 1982, S. 296

69

R.: Ja, Achim, ich denke beide Fragen hängen eng miteinander zusammen. Vielleicht haben wir heute auch ein Wahrnehmungsproblem, d. h. dass wir schnell sehen, was alles nicht gut läuft und dabei das Unscheinbare, das Alltägliche, das wirklich alles Große trägt, übersehen. Denn eines muss man immer wieder deutlich sagen: Wo und wann immer wir in unserem Leben Menschen erleben, die einfach gut sind, dass wir an ihnen ablesen können, was unser Glaube meint und bezeugt – da wird jede – auch institutionelle - Enge und Kleingläubigkeit gesprengt. Da passiert all das, was wir als Kirche, als Caritas eigentlich meinen. Wo jemand treu seinen Alltag bewältigt, ohne darum großes Aufsehen zu erregen, passiert die „Gnade des Alltags"[67]. Das passiert ungezählte Male und wir sollten den Menschen sagen: Macht das so weiter, das alles ist nicht nur toll. Das ist das Eigentliche, worauf es im Leben ankommt.

Viele haben eine unbedingte Hoffnung, wenn ich auf all das engagierte und zuverlässige Zeugnis tätiger Nächstenliebe in Beratungsdiensten, in Jugendhilfeeinrichtungen, am Krankenbett usw. schaue. Wir Christen sagen, dass wir einen Namen haben, der die Berechtigung dieser Hoffnung verbürgt: Jesus von Nazareth. Andere mögen andere Gründe anführen. Zumindest würde ich immer sagen, dass wir als Christen gute Gründe haben, uns buchstäblich auf Jesus zu verlassen.
Denn bei allem Tun wird man immer auch sagen müssen, dass wir nur stückweise weiterkommen, mitunter ist es sehr, sehr mühselig. Die Frage, die aufsteht, gerade in sozialen Diensten – lautet doch auch: Kann jemand auf

---

[67] Buchtitel von Karl Rahner

Dauer in einem caritativen Dienst stehen, ohne die Spannung von Einsatz und Scheitern (d.h. Not, Elend und Tod scheinen mir Wesen und Arbeit des Sisyphus zu sein) innerlich anzunehmen und positiv in sein Tun zu integrieren? Und hier hilft mir persönlich der Glaube sehr – denn ich muss die Welt auch nicht ‚erlösen'. Wenn ich mich drangebe, wenn ich mich einsetze, dann kann und darf ich auch sagen: „Herr, mache Du weiter, wo ich mit meiner kleinen Kraft am Ende bin." Dieses kleine ‚Stoßgebet' ist für mich wirklich Lebenshilfe. Denn letztlich kreisen alle diese Fragen für einen Christen um Tod und Auferstehung Jesu. Das tatsächliche Scheitern Jesu war eben nicht das letzte Wort. Auferstehung meint, dass die Hoffnung nicht ins Leere geht, dass Liebe und Treue – wie bei Jesus, so auch bei uns, ja bei allen Menschen „guten Willens" – letztlich „die Oberhand behalten". Und das eben nicht aus eigener Kraft, sondern weil ER uns, seine Schöpfung grenzenlos und bedingungslos liebt. Dafür ist Jesus der untrügliche Zeuge, der uns einlädt, diese Liebesbotschaft zur inneren Haltung werden zu lassen.

Zweiter Teil [68]
Mutter Kirche und ihre Kinder

1. Hintergrund

Wenn wir als Christen uns die (katholische) Kirche von ihrer Entstehung her ansehen, dann fällt auf, dass sie sich nicht nur von ihren Wurzeln, dem Judentum her, immer wieder stark entwickelt und gewandelt hat. Nachdem die ersten Christen sich zunächst im Laufe des ersten Jahrhunderts zu Gemeinschaften zusammengefunden hatten, um in eine Kirche mit Provinzen zu münden, die zunächst noch von Bischöfen geleitet wurden, wurde im 2. Jahrhundert die Leitung durch einen Oberhirten eingesetzt. Im Laufe der Jahrhunderte hat sich dann nach und nach die Kirche herausgebildet, wie wir sie heute kennen. Sie war kein von Anfang an fertiges Haus, sondern musste sowohl ihr Äußeres als auch ihr Inneres entwickeln. Die Kirche war dabei zu jeder Zeit ein Produkt aus Tradition, Zeitgeist und den Problemen, die zu der jeweiligen Zeit gehörten. Die letzte große Entwicklung hat die katholische Kirche dann mit dem zweiten Vatikanum erfahren. Entstanden unter dem Entwicklungs- und Reformstau der vergangenen Jahrhunderte. Einige dringende Fragen blieben aber auch damals offen und sind heute dringender denn je.

Stefan Jürgens schreibt in seinem Buch „Ausgeheuchelt"[69]:

---

[68] Die Beiträge im zweiten Teil stammen von Jörg Kleinewiese
[69] Stefan Jürgens, Ausgeheuchelt: So geht es aufwärts mit der Kirche, Herder 2019, S.41

72

„Es muss sich etwas ändern, die Kirche wird sonst sehenden Auges fromm vor die Wand gefahren."

Die Frage die sich im Moment vor dem Hintergrund des anstehenden synodalen Weges und dem Schreiben der zehn Generalvikare an Kardinal Marx und Professor Sternberg vom Oktober 2019[70] stellt ist, ob die Kirche bereits an diesem Punkt angekommen ist? Im Folgenden soll auf die derzeitige Situation in unserer Kirche unter Betrachtung verschiedener Aspekte eingegangen werden.

2. Modern oder Traditionell

Schauen wir einmal von außen, gewissermaßen aus der Vogelperspektive, auf unsere Kirche.
Ein Beobachter fern von der Kirche und ihr neutral gegenüberstehend kann zunächst einmal Erstaunliches erfahren. Während bei vielen Menschen der Eindruck besteht, dass die katholische Kirche konservativ, altmodisch und auch bevormundend erscheint, bekommen sie bei tieferem Einblick die Erkenntnis, dass es in der Kirche sehr vielseitige Einstellungen, Glaubensrichtungen, Lebensweisen und Schwerpunkte gibt. Schnell entsteht ein differenzierteres Bild, in dem sich sowohl Konservative (Bewahrer) als auch Liberale und Progressive unter den Gläubigen befinden. So gibt es auf der einen Seite diejenigen, die die tridentinische (lateinische) Messe nach dem vorkonziliaren Modus bevorzugen als auch die soge-

---

[70] https://www.bistum-magdeburg.de/upload/2019/Bilder_November/2019-10-21Generalvikare_auf_dem_Synodalen_Weg.pdf

nannte Charismatische Erneuerung. Es gibt sowohl strenge, traditionelle Ordensgemeinschaften als auch kleine christliche Gemeinschaften. Es gibt Geistliche, die die traditionellen Wege im Gottesdienst und bei der Spendung der Sakramente pflegen, als auch Geistliche, die neue Dinge ausprobieren. Es gibt Gläubige, die die Segnung von homosexuellen Partnerschaften ablehnen, und solche, die für diese Segnung eintreten.

Der kritische Geist könnte nun entgegnen, dass das, was an der Basis passiert, oft nicht im Einklang mit der katholischen Lehre und dem, was wir aus Rom dazu hören, steht. Genau um diesen Widerspruch geht es in diesem Buch. Diesen Widerspruch gibt es tatsächlich und dazugehörend die Frage, wie bzw. ob er aufgelöst werden kann. Es stehen sich unterschiedliche Sichtweisen scheinbar unversöhnlich gegenüber. Während die Traditionalisten sich in der Rolle sehen, das Bewährte aus den vergangenen Jahrhunderten und das, was ihrer Ansicht nach von Jesus' Leben abzuleiten ist, in unserem heutigen Leben zu bewahren, sehen viele Menschen in der heutigen, modernen Gesellschaft die Notwendigkeit, auf das, was die Botschaft Jesu vom Sinn her ausdrücken und uns weitergeben möchte, zu schauen und unserem heutigen Leben anzupassen. Oder anders ausgedrückt: **Was würde Jesus uns heute, in unserer modernen Gesellschaft, lehren?** Wie würde er unsere Kirche heute ausrichten? Wie würde er den Fragen der heutigen Zeit und Gesellschaft begegnen?

Während die einen auf das sehen, was Jesus zu seiner Zeit getan und gelehrt hat und meinen, dass wir es genauso machen müssten, sagen die anderen, dass wir auf das sehen müssen was er gemeint hat und das auf unser Heute übertragen.

Gibt es hier ein Richtig oder Falsch? Ich denke nicht. Beide Sichtweisen haben ihre eigene Berechtigung. So wie durch die Entstehung des Christentums auch das Judentum nicht falsch geworden ist, wäre eine Neuausrichtung innerhalb des Christentums nicht falsch. Eine Neuausrichtung würde die traditionelle Religion nicht falsch oder ungültig machen. Es wäre vergleichbar mit Eltern, deren Kinder eine neue Denkweise in ihrer Generation entwickeln, nach der fortan gelebt wird. Hätten wir diese Fortentwicklung nicht, würden wir noch heute nach den Denkweisen vergangener Jahrhunderte bzw. Jahrtausende leben.

In unserer heutigen Gesellschaft sind Demokratie, Mitsprache, Teamfähigkeit und Diskussionen um richtige Wege, allgemein anerkannt und haben sich bewährt. Hierarchien werden tendenziell flacher und sind auf mehr Mitsprache angelegt. Entscheidungen werden im Team getroffen. Lösungen mit Mehreren erarbeitet. Solch ein Vorgehen fördert die Identifikation mit der Lösung und schafft eine als gerecht empfundene Entscheidung mit größtmöglicher Transparenz.

Wenn wir nun noch das göttliche Gebot der Liebe hinzunehmen, haben wir einen Schatz, eine Gotteskraft, um Berge zu versetzen. Um wieviel mehr könnten wir in der Kirche bewegen, wenn wir nur der Aussage Jesu folgen würden:

Darum sollst du den Herrn, deinen Gott, lieben mit ganzem Herzen und ganzer Seele, mit deinem ganzen Denken und mit deiner ganzen Kraft. Als zweites kommt hinzu:

Du sollst deinen Nächsten lieben wie dich selbst. Kein anderes Gebot ist größer als diese beiden. Mk 12,30-31. Daraus ergeben sich *bedingungslose Barmherzigkeit, Vergebung, ein Miteinander im Geist der gegen-seitigen Rücksichtnahme und Einsicht* und vieles mehr.

3. Die heißen Eisen

3.1 Unabhängig von der Perspektive, aus der wir auf unsere Kirche schauen, sind die Themen zu einem großen Teil ähnlich. Da geht es um *die (gleichberechtigte) Rolle der Frauen in Kirchenämtern.* Frauen können zurzeit nicht zur Weihe zugelassen werden. Damit sind sie per se ausgeschlossen vom Priesteramt (und damit von der Leitung einer Gemeinde), vom Bischofsamt und in letzter Konsequenz vom Amt des Papstes. Außerdem können Frauen nicht zu Diakoninnen geweiht werden. Somit sind sie ausgeschlossen von der ordentlichen Spendung der Sakramente.

3.2   Ein weiteres heißes Eisen ist der Pflicht-Zölibat, der Geistlichen versagt zu heiraten. Während Diakone bei der Weihe verheiratet sein dürfen (später ist auch ihnen der Zölibat auferlegt), ist die Ehe den Priestern nicht erlaubt. Obwohl es den Zölibat in seiner derzeitigen verpflichtenden Form bei den Urchristen nicht gab, geht neuen Forschungsergebnissen folgend der Enthaltsamkeitszölibat, der bis zu den Aposteln zurückgehen soll, dem verpflichtenden Ehelosigkeitsversprechen voran.

3.3 Die Wiederverheiratung von Geschiedenen, die kirchlich verheiratet sind, ist als solches schon ein heißes Eisen, aber mehr noch die Spendung und der Empfang der Sakramente, von denen sie bei einer erneuten standesamtlichen Ehe ausgeschlossen sind.

3.4 Das Thema der **Homosexualität** wird immer wieder kontrovers diskutiert. Rom lehnt die Homosexualität nicht als solche ab, sondern nur die gelebte Beziehung. Dies betrifft auch den immer häufigeren Wunsch dieser Paare nach einer Segnung ihrer Beziehung.

3.5 Kritische Diskussionen gibt es immer wieder zum Thema *Hierarchie in der Kirche.* Wie zeitgemäß ist sie noch in der gegenwärtigen Form? Sie setzt sich vom Papst her über die Bischöfe und die Priester in die Gemeinden fort. In meiner Masterarbeit zum Thema „Community Driven Development: The role of the Catholic Church in Tanzania" (Bradford, 2006) heißt es, dass die katholische Kirche gegenüber den Einrichtungen der Zivilgesellschaften in der Entwicklungszusammenarbeit u.a. einen großen Vorteil hat. Sie ist vertreten bis in die kleinsten Dörfer Tansanias und leistet sehr viel gute Arbeit in der Entwicklung von Lebenssituationen der Armen. Allerdings stellt die nicht immer zum Vorteil der Menschen genutzte Hierarchie eine Gefährdung dieser Prozesse dar. Dieses Beispiel zeigt, wie gut unsere Kirche in den Gemeinden, auch in den entlegensten Ecken unserer Erde, vertreten ist und sich für die Armen einsetzt. Gleichzeitig könnten moderne Leitungsstrukturen diesen Vorteil für die Arbeit in den Gemeinden, auch in unserer Gesellschaft, besser nutzen und die Menschen durch Mitbestimmung und transparente Prozesse mitnehmen.

Während die Hintergründe dieser heißen Eisen hier nicht im Detail erläutert werden können, stellt sich trotzdem die Frage, wie Jesus sich zu diesen heißen Eisen stellen würde. Was wären seine Lösungsansätze?

4. Wie könnte die Kirche der Zukunft aussehen?

Ich lege Wert darauf, dass es mir nicht darum geht, die Kirche, so wie sie jetzt besteht, in Frage zu stellen oder einer Spaltung Vorschub zu leisten. Vielmehr geht es darum die kritischen Punkte zu benennen und mögliche Lösungsansätze zu diskutieren. Gerade die bereits angesprochene Vielfalt in unserer Kirche ist ein Schatz, der es uns ermöglichen kann, dass das Alte, Bewährte durchaus neben dem Neuen koexistieren kann.

Für viele Menschen ist die gegenwärtige katholische Kirche Heimat und Fragen nach Veränderungswünschen stellen sich ihnen weniger. Für sie ist es wichtig, dass unsere Kirche so erhalten bleibt, wie sie ist. Für diejenigen aber, für die sich Kirche immer mehr von den heutigen Bedürfnissen der Gläubigen entfernt, für die sie möglicherweise zu einer Qual geworden ist, für die die katholische Kirche keine Heimat mehr ist und die sich daher von ihr entfernt haben bzw. entfernen, ist eine grundlegende Reform unerlässlich.

Und so könnte es, in geschwisterlicher Koexistenz, einen Zweig der katholischen Kirche geben, der den heutigen Bedürfnissen und Wünschen der Gläubigen stärker Rechnung trägt, ohne sich von der Botschaft Jesu zu entfernen. Im Gegenteil, die Botschaft Jesu würde gewissermaßen in die heutige Zeit transportiert. So wie Jesus aus dem Alten Testament heraus den Glauben in seine damalige Zeit transportiert und transformiert hat. Sozusagen eine katholische Kirche in der nächsten Generation.

5. „I have a dream" oder Lösungsansätze für einen gemeinsamen Weg

Ich glaube, dass die schöne Welt regiere
Ein hoher, weiser, nie begriff 'ner Geist,
Ich glaube, dass Anbetung ihm gebühre;
Doch weiß ich nicht, wie man ihn würdig preist.

Nicht glaub' ich, dass der Dogmen blinder Glaube
Dem Höchsten würdige Verehrung sei:
Er bildet' uns ja, das Geschöpf im Staube,
Vom Irrthum nicht und nicht von Fehlern frei.

D'rum glaub' ich nicht, dass vor dem Gott der Welten
Des Talmud und des Alkoran
Bekenner weniger als Christen gelten,
Verschieden zwar, doch Alle beten an.

Ich glaube nicht, wenn wir von Irrwahn hören,

Der Christenglaube mache nur allein
Uns selig: Wenn die Finsterlinge lehren:
Verbannt muss jeder Andersdenker sein [71]

Das hat der Weise, der einst seine Lehre
Mit seinem Tod besiegelt, nie gelehrt;
Das hat fürwahr-dem Heiligen sei Ehre-
Kein Jünger je aus seinem Mund gehört.

Er lehrte Schonung, Sanftmuth, Duldung üben,
Verfolgung war der hohen Lehre fern:
Er lehrt' ohn' Unterschied die Menschen lieben,
Verzieh dem Schwachen und dem Feinde gern.

Ich glaube an des Geistes Auferstehen,
Dass, wenn dereinst das matte Auge bricht,
Geläuterter wir uns dort wiedersehen:
Ich glaub' und hoff' es, doch ich weiß es nicht.

Dort, glaub' ich, werde ich die Sehnsucht stillen,
Die hier das Herz oft foltert und verzehrt,
Die Wahrheit, glaub ich, wird sich dort enthüllen,
Dem Geiste klar, dem hier der Schleier wehrt.

Ich glaube, dass für dieses Erdenleben-
Glaub's zuversichtlich, trotz der Deutlerzunft,-
Zwei schöne Hüter mir der Herr gegeben:
Das eine Herz, das andere heißt Vernunft.

Die letzte lehrt mich prüfen und entscheiden,
Was ich für Recht, für Pflicht erkennen soll.

---

[71] Hervorhebungen J.K.

Laut schlägt das Erste, bei des Bruders Freuden,
Nicht minder, wenn er leidet, warm und voll.
So will ich denn mit regem Eifer üben,
Was ich für Wahrheit und für Recht erkannt:
Will brüderlich die Menschen alle lieben,
Am Belt, am Hudson und am Gangesstrand.

Ihr Leid zu mildern und ihr Wohl zu mehren,
Sei jederzeit mein herrlicher Beruf.
Durch Thaten glaub' ich würdig zu verehren,
Den hohen Geist, der mich erschuf.

Und tret ich dann einst aus des Grabes Tiefen
Hin vor des Weltenrichters Angesicht,
So wird er meine Thaten strenge prüfen,
Doch meinen Glauben, nein, das glaub ich nicht.[72]

Wie würde Jesus die Kirche verändern, wenn er in unsere heutige Welt käme? Ist die Antwort darauf hypothetisch? Können wir hierzu überhaupt eine Aussage machen? Aus meiner Sicht ergibt sich ein klares Jain.
Nein, weil es vermessen wäre, eine göttliche Entscheidung aus unserem Mund zu formulieren. Nur wer von Gott hier persönlich beauftragt wurde, könnte uns Seine Vorstellungen mitteilen.
Ja, weil wir mit Hilfe der Bibel auf die richtige Spur gebracht werden. Es ist ja vor allem das eine Gesetz wichtig, dass Gott uns gegeben hat, und zwar das Gebot der Liebe. Daraus ergibt sich alles. Jesus hat es uns konkret vorgelebt. Hat viele Konventionen und Lebensregeln ge-

---

[72] Ludwig Nissen aus „Scrap-Book" zitiert bei Drewermann

81

brochen, weil sie nicht im Einklang mit diesem Gebot existieren.

5.1. Wenn die Liebe über allem steht, dann ist es unwichtig, ob ein Mann oder eine Frau Priester ist. Dann ist es unwichtig, ob Jesus zu seiner Zeit nur Männer berufen hat. Dann ist es wichtig, wer eine Berufung wozu verspürt, unabhängig von der Geschlechterfrage. Und es wäre gegen den Geist der Liebe, dem- oder derjenigen diesen Weg zu verweigern. Und es wäre eine Missachtung der Berufung durch Gott. Wenn Gott jemanden beruft, dann ist es Sein Wille. Und diesem zuwiderzuhandeln, wäre gegen das Gebot der Liebe Ihm gegenüber. Sicherlich ist die Prüfung einer Berufung, ob sie denn wirklich eine ist, keine einfache Aufgabe. Im Vater Unser beten wir: Dein Wille geschehe. Warum handeln wir dann dem zuwider? Jesu Antwort könnte hier lauten: *Jeder Mensch ist vor Gott gleich und nach seinem Abbild geschaffen. Jeder Mensch, egal welchen Geschlechts, kann von Gott zum priesterlichen Dienst berufen werden.*

5.2. Die Liebe zwischen zwei Menschen ist ein hohes Gut, dass direkt von Gott kommt und uns als Paar mit ihm verbindet. Im Zölibat entscheide ich mich bewusst für die Liebe zu Gott und meinen Dienst direkt an ihm, ohne Bindung an eine eheliche Liebe. Das ist ein ebenso hohes Gut. Aber schließt das aus, dass ich gleichzeitig auch einen Menschen partnerschaftlich lieben kann? Ist Gottes Liebe doch nicht grenzenlos? Oder können beide in fruchtbarer Koexistenz existieren? Und kann daraus nicht Gutes erwachsen, das im Sinne der göttlichen Lehre ist? Genauso wie aus einem zölibatär gelebten Priestertum?

Wenn ein Priester sich schwer tut, ehelos zu leben, wäre Gott in seiner grenzenlosen Liebe nicht bereit, ihm den Wunsch nach partnerschaftlicher Liebe zu gewähren? Der Zölibat kann doch erst als wirklich freiwillige Entscheidung seine göttliche Wirkung entfalten. Für diejenigen, denen es durch Gottes Willen gegeben ist. Für diejenigen, die es erfassen können.

Für all diejenigen, die von Gott berufen sind, aber diesen (zölibatären) Weg nicht gehen können, sollte ganz im Sinne des Gebotes der Liebe dieser Berufungsweg offenstehen.

Die Antwort Jesu könnte hier lauten: *Der Zölibat soll freiwillig eingerichtet werden. Wer danach leben kann und es möchte, darf dieses Versprechen abgeben. Wer aber nicht danach leben kann und trotzdem zum Dienst als Geistliche/Geistlicher berufen ist, der darf dieses mit Gottes Segen tun.*

5.3. Die Ehe ist unauflöslich. Zwei Menschen binden sich aneinander und das vor Gottes Angesicht. Hier wirkt Liebe pur. Zwischen den beiden und zwischen ihnen und Gott. Für mich als Geistlichem, ist der Moment der Eheschließung einer der heiligsten und berührendsten Momente. Was Gott verbunden hat, das darf der Mensch nicht trennen, so heißt es.

Es gibt aber Situationen im Leben eines Paares, da gibt es kein weiteres Miteinander, weil es einfach nicht mehr geht. Die Probleme, die sich in der Beziehung entwickelt haben, sind mit unseren, menschlichen Mitteln vielleicht nicht lösbar. Aber Gott kann alles, also kann auch er die

Erlaubnis zur Lösung dieser Beziehung geben. Sonst wäre er ja doch ein unbarmherziger - und doch nicht allmächtiger - Gott. Da er das aber nicht ist, wäre es durchaus im Bereich des Möglichen, dass er durch eine berufene Einrichtung diese Verbindung wieder auflösen kann.

Die Realität ist heutzutage so, dass sich Paare aus katastrophalen Beziehungen lösen und dann wieder neu binden. Es wäre barmherzig, wenn sie sich nach einer angemessenen Zeit der Prüfung, auch durch eine kirchliche Instanz, trennen dürften. Ihre Ehe mit göttlicher Erlaubnis auflösen dürften. Das wäre im Geist der Liebe gehandelt und grenzenlos barmherzig. Die Realität von Gläubigen sieht ja längst so aus. Und wir handelten nur im Geist des Liebesgebots, wenn wir diesen Menschen wieder ein Leben in unserer Kirche ermöglichen würden. Die Antwort Jesu könnte hier lauten: *Richtet eine Institution ein, die gescheiterte Ehen bei Bedarf prüfen soll und im Fall einer unveränderlichen Zerrüttung, diese im Namen Gottes auflösen kann.*

5.4. Die Homosexualität ist ein viel- und kontrovers diskutiertes Thema in der katholischen Kirche. Auf unsere Erde gibt es eine große Zahl sehr unterschiedlicher Menschen. Männer und Frauen und LGBT (lesbian (lesbisch), gay (schwul), bisexual (bisexuell), transgender (transgeschlechtlich) usw. Welche hat Gott gewollt? Hat er einen Fehler gemacht? Wollte er nicht einfach nur Mann und Frau, heterosexuell? Offensichtlich nicht. Denn Gott ist allmächtig und er hat den Menschen (alle eingeschlossen) als Geschöpf nach seinem Abbild gemacht. Das schließt alle mit ein. Kirche und Gesellschaft sind hierbei in den letzten Jahrzehnten ein großes Stück vorangekommen.

Die Frage, wie die Menschen in Beziehung zueinander leben, wird aber nach wie vor zumindest nur für heterosexuelle Paare eindeutig beantwortet. Ihre Verbindung ist gewünscht und daher dürfen sie auch heiraten. Andere passen nicht ins Konzept und dürfen sich daher nicht ehelich verbinden. Auch dürfen existierende LGBT-Beziehungen nicht gesegnet werden. Sie dürfen Ihren Wunsch nach gegenseitiger (körperlicher) Liebe nicht ausleben. Das widerspricht klar dem Gebot der Liebe, das uns von Gott gegeben wurde. Die Kirche schließt die LGBT-Gläubigen von dieser Art der Liebe aus. Hier folgt sie nicht dem Gebot Gottes. Die Antwort Jesu könnte hier lauten: *Lasst alle Paare, die eine verantwortliche Beziehung der Liebe durch Gott verbinden lassen wollen, zu mir kommen. Ich werde ihre Beziehung legitimieren und segnen.*

5.5. Wie würde Jesus die kirchlichen Strukturen den heutigen Herausforderungen anpassen? Während sich in der nicht-kirchlichen Welt demokratische Strukturen bewährt haben, mit einer repräsentativen Demokratie und Mitspracherecht auf vielen Ebenen, zögert die Kirche in den Augen vieler Gläubiger über Gebühr. Das Petrus-Prinzip steht bis heute bis in die unterste kirchliche Instanz fest und ist im Kirchenrecht verankert.

„Die katholische Kirche zeigt (...) eine offensichtliche und vollkommene Einheit, deren Grund, Wurzel und unbesiegbarer Ursprung die höchste Autorität und der >>höhere Vorrang<< (Irenäus) des heiligen Apostelfürs-

ten Petrus und seiner Nachfolger auf dem römischen Stuhle ist. Es gibt keine andere katholische Kirche als die, so auf den einen Petrus auferbaut, in der Einheit des Glaubens und der Liebe heranwächst, zum einen >>zusammengefügten und zusammengehaltenen Leib<< (Eph 4,16) "[73]

Die Vorteile liegen auf der Hand. Die katholische Kirche ist eine Weltkirche, die überall in der Welt mehr oder weniger gleiche Strukturen, Regeln und Formen hat. Dies ist nicht nur in den Gottesdiensten zu beobachten, sondern auch in diözesanen Einheiten, weltweit, bis in die tiefsten Strukturen von Gemeinden. Ein Zusammenhalt, der Verbundenheit der Christen auch untereinander schafft und den vielen Gläubigen eine Heimat in der Kirche gibt. Bei allen Krisen und offenen Fragen in unserer Kirche, hat die katholische Kirche so nicht nur die Zeiten überstanden, sondern auch ihre einzigartige Form bewahren können.

Fragen, die eine immense Sprengkraft haben können, wurden durch die Autorität der Kirche im Sinne einer Bewahrung des Bewährten und - des die Kirche Schützenden - geklärt bzw. entschieden.
In früheren Jahrhunderten, in denen der Großteil der Gläubigen ungebildet war und bei den wichtigen Diskussionen nicht mitreden konnte (und durfte), war es der Masse der Gläubigen verwehrt, Diskussionen zu führen,

---

[73] Neuner-Roos „Der Glaube der Kirche" in den Urkunden der Lehrverkündigung, 13. Auflage bearbeitet von Karl Rahner und Karl-Heinz Weger, Friedrich Pustet 2009, S.257

die Grundsätzliches in Frage gestellt hätten. Hier hatte der Klerus ein Alleinstellungsmerkmal.

Mit den Möglichkeiten von Bildung und Aufklärung in der heutigen Zeit, hat sich das grundsätzlich geändert. Was seinen Ausdruck auch in der politischen Reife der Mitbürger findet, die in demokratischen Strukturen Anteil haben an wichtigen Entscheidungen der Politik und im eigenen Leben. Hierdurch hat sich eine Mündigkeit der Menschen herausgebildet, die bei all den verschiedenen Denkweisen und Einstellungen zu, im Wesentlichen, handlungsfähigen Strukturen und Entscheidungen führen konnte.

Nicht nur in der Politik, sondern auch zunehmend in Industrie und Handelsunternehmen haben sich Teamstrukturen und Mitspracherecht bewährt und führen zu besseren Entscheidungen als ein einzelner Mensch sie i.d.R. treffen könnte.
Was würde Jesus nun für unsere Kirche daraus machen? Vermutlich würde er sich freuen, dass sich der moderne Mensch weiterentwickelt hat. In Bildung, Wissen und verantwortlichem Handeln. *Vielleicht würde er ihn als reif empfinden für eine Partizipation in kirchlichen Entscheidungs- und Handlungsprozessen.* Vielleicht würde er ein *gewähltes Gremium aus Bischöfen* einsetzen, die ja Anteil am Leib Christi haben und die wichtige Entscheidungen als Teamprozess verstehen. Ein Leib mit vielen Bischofsgliedern.

Die Ausführenden könnten dann die Kleriker_innen sein, die im Team mit ihren Mitarbeiter_innen und Ehrenamtlichen nach Rücksprache mit den Gemeindemitgliedern das Gemeindeleben und das Glaubensleben ermöglichen. Jürgens[74] schreibt:

„Wir brauchen...mehr Mitbestimmung auch bei hohen Kirchenämtern, damit die Christen eines Bistums ihre Bischöfe wählen können. "

In der heutigen Zeit werden diese Fragen auf vielen Ebenen diskutiert. Ob an der Basis in den Gemeinden, unter den hauptamtlichen Laien, der Bewegung „Maria 2.0", den Klerikern oder den verantwortlichen Bischöfen und Kardinälen in Rom. Ich bin mir sicher, dass wir unter der Führung der Bibel zum richtigen Ziel in unserer Zeit kommen. Sicherlich mit anderen Antworten, als es zu anderen Zeiten nötig und möglich war. Ich bin mir deshalb sicher, weil ich an das Wirken des göttlichen Geistes in seiner Kirche glaube.

---

[74] Stefan Jürgens, Ausgeheuchelt: So geht es aufwärts mit der Kirche, Herder 2019, S. 47

6. Zivilgesellschaft oder wer engagiert sich wie?

Jürgens bemerkt:

„Die Welt braucht weniger Kirche und mehr Jesus"[75]

Während kirchliche Strukturen nicht per se den Auftrag Jesu erfüllen, zu den Menschen zu gehen und unseren Nächsten zu lieben, ermöglichen sie die Durchführung dieser Aufgaben und unterstützen uns dabei. Die Kirche ist für die Menschen da. Sie ist für die Gläubigen da und sie sollte eine Kirche der Armen sein, die dabei hilft, für die Armen da zu sein und dort zu helfen, wo es brennt. Wo Armut herrscht, wo Not und Leid zu finden sind. Oft aber ist genau das nicht der Fall. Sie beschäftigt sich mit inneren Strukturen und Problemen, oft behindert durch Entscheidungen, die Top-Down sind anstatt Bottom-Up.

Geistliche sind die letzte Entscheidungsinstanz in den Gemeinden, den Bistümern und in Rom. Manche nehmen ihren Führungsanspruch in einer partizipativen Weise wahr. Wenn man in diese Gemeinden schaut, kann man erkennen, dass sich die Gemeindemitglieder mitgenommen fühlen und sich entsprechend engagieren. Die Gemeinden entwickeln sich nach ihren Bedarfen und Wünschen. Paulus wäre stolz.

---

[75] Stefan Jürgens, Ausgeheuchelt: So geht es aufwärts mit der Kirche, Herder 2019, S. 11

Das ist der eine Aspekt. Es gibt auch den anderen in unserer Kirche. Dort, wo auf Partizipation und Transparenz mehr oder weniger stark verzichtet wird. Das führt zu Unzufriedenheit und Verdruss. Trotzdem engagieren sich immer noch viele Menschen in den Gemeinden. Sie folgen dem Ruf Christi nach Dienst am Nächsten. So bilden sich häufig Gruppen in den Gemeinden, die für sich einen besonderen Auftrag entdeckt haben. Sie arbeiten mit Geflüchteten, mit Senioren, mit Obdachlosen usw. Hierbei werden sie dann unterstützt von kirchlichen Organisationen wie der Caritas, den Maltesern u.v.m.

„Die Gemeinde-Caritas zeichnet sich gerade dadurch aus, dass sie auch nach Dienstschluss behördlich organisierter Hilfen erreichbar ist: Sozialberatung, Tafel, Netz kleiner Hilfen, finanzielle Unterstützung, selbstverständlich nicht nur für Christen, sondern für alle Menschen."[76]

Es engagieren sich also immer noch viele Menschen für Andere, sowohl in den Gemeinden als auch in anderen kirchlichen Diensten und Einrichtungen. Als Einzelpersonen, in Gruppen, wie den Kolpingsfamilien oder Vereinen und Verbänden wie Caritas, Malteser u.v.m.

---

[76] Stefan Jürgens, Ausgeheuchelt: So geht es aufwärts mit der Kirche, Herder 2019, S.57

7. Bottom Up eine Alternative?

Folgen wir einmal dem Beispiel Jesu ganz direkt. Jesu Menschsein ist Ausdruck der Nähe Gottes zu uns. Jesus war ein einfacher Mann. Ein Handwerker, ein Mensch aus dem Volk, ein gläubiger Jude. Er ist in der (jüdischen) ‚Kirche' groß geworden, hat die Strukturen und Lehren mitbekommen, so wie auch wir unseren Glauben mitbekommen. Und dann…sah er, was alles nicht so gut war im damaligen Judentum. Er kritisierte vieles, was seiner Meinung nach im Glaubensleben und dessen Ausführung verkehrt lief. Und so nahm er sich die Heilige Schrift vor und deutete ihren wirklichen, von Gott gegebenen, Sinn und verlangte dementsprechend nach Veränderungen. Das Ganze geschah also von der Basis her.

Bei einigen Menschen fiel diese Lehre auf fruchtbaren Boden. Sie folgten ihm. Auf heute übertragen würde das bedeuten, dass wir eine *Partizipation von unten nach oben* brauchen.
Daraus ließe sich konsequenterweise in unsere heutige Zeit übertragen ableiten, dass die Gläubigen an allen wichtigen Entscheidungsprozessen beteiligt werden sollten.

8. Der Traum

I have a dream! So begann die berühmte Rede Martin Luther Kings zur Gleichberechtigung aller Rassen in Amerika. I have a dream, so könnte ich auch für unsere Kirche sagen.
Ein Traum, in dem unsere Kirche eine Kirche der Moderne ist. Eine Kirche der Liebe und Barmherzigkeit ohne Wenn und Aber. Eine Kirche, in der gedacht und gehandelt wird im Geiste Jesu.

Eine caritative Kirche, in der der Mensch im Vordergrund steht und Strukturen dienenden Charakter haben. Eine Kirche, in der alle mitgenommen werden. Die Traditionalisten, die vom Altbewährten überzeugt sind und es auch in der heutigen Zeit so leben wollen, wie wir es schon seit vielen Jahrhunderten machen. Und Diejenigen, die mitbestimmen wollen in Gleichberechtigung und mit Lösungen für die Anforderungen unserer Zeit, was Zölibat, Geschlechtergleichheit, Eigenverantwortung vor Gott, Mitbestimmung und gelebter Barmherzigkeit, was Ehe, Scheidung und Wiederverheiratung betrifft.

Das ist für mich gelebte Katholizität. Kirche soll für uns alle Heimat sein – und bleiben.